共和国科学拓荒者传记系列

钱三强传

Qian Sanqiang Zhuan

陈丹　葛能全／著

中国青年出版社

图书在版编目（CIP）数据

钱三强传 / 陈丹，葛能全著 . —北京：中国青年出版社，2017.8 (2025.2重印)
（共和国科学拓荒者传记系列）
ISBN 978-7-5153-4881-0

Ⅰ. ①钱… Ⅱ. ①陈… ②葛… Ⅲ. ①钱三强（1913～1992）—传记 Ⅳ. ① K826.11

中国版本图书馆 CIP 数据核字（2017）第 206529 号

原版责任编辑：方小玉
本版责任编辑：彭岩
书籍设计：刘凛
出版发行：中国青年出版社
社　　址：北京市东城区东四十二条 21 号
网　　址：www.cyp.com.cn
编辑中心：010 - 57350407
营销中心：010 - 57350370
经　　销：新华书店
印　　刷：三河市君旺印务有限公司
规　　格：710×1000mm　1/16
印　　张：19.25
字　　数：190 千字
插　　页：2
版　　次：2017 年 10 月北京第 1 版
印　　次：2025 年 2 月河北第 4 次印刷
定　　价：35.00 元

如有印装质量问题，请凭购书发票与质检部联系调换
联系电话：010 - 57350337

目 录

序 /1

第一章 全面发展的新型少年 /1
  出自吴绍书香门第 /1
  孔德学校的多面手 /4
  幸运的自由阅读 /7
  改名儿 /10

第二章 从牛到爱 /15
  憧憬实业，志在学工 /15

改初衷，转考清华物理系 /18

第三章　东黄城根起步科学生涯 /22

从毕业实验到第一篇科学论文 /22
文言文不好，险些影响留学 /26

第四章　大师指导初试锋芒 /29

改建威尔逊云雾室 /29
见证核裂变发现 /34
目睹"链式反应"成为可能 /37
不寻常的博士论文答辩 /41

第五章　战乱中的法兰西岁月 /44

为王大珩、彭桓武游欧排险 /44
异国逃难 /47
难忘的恩师情谊 /50
心照不宣的秘密 /54
滞留里昂，偶开乳胶研究之先 /57
重回占领区巴黎 /61

第六章　意外的际会与发现 /66

爱国曾遭讥讽 /66
莎士比亚故乡读《论联合政府》 /68

充当"李逵式的人物" /72

第七章　发现铀核三分裂和四分裂 /75

　　终成科学伴侣 /75
　　一张情况不明的照片引发兴趣 /79
　　发表第一篇三分裂论文 /83
　　发现世界首例"四分裂" /87
　　荣誉与遗憾 /90

第八章　为了原子科学在中国生根 /93

　　踌躇满志 /93
　　梦想破灭 /98

第九章　看到了希望 /103

　　在北平迎接新形势到来 /103
　　西柏坡第一笔原子科学外汇 /106
　　布拉格之情 /110
　　为中国科学"制礼作乐" /114
　　秣马厉兵 /120
　　求人才，务善用 /124
　　贵有一种精神 /130
　　非党团长担重任 /134
　　总理约谈西花厅 /139

毛主席说：到时候了，该抓了 /142

第十章 大力协同显身手 /147

  中国有了一堆一器 /147
  让大家知道原子能应用 /153

第十一章 特殊的角色 /156

  知人善任，调兵遣将 /156
  组织攻关无歇时 /161
  攻克扩散分离膜 /163
  攻克点火中子源 /164
  指点罗布泊 /166

第十二章 奇迹之谜 /168

  两年零八个月的一步好棋 /168
  敢担风险用"好钢" /170

第十三章 肝胆相照 /175

  元帅为科学家"募捐" /175
  广州会议解疙瘩 /179
  心中的知己 /186

第十四章　从书生气到"靶子" /189

　　可爱的书生气 /189

　　初历第一劫 /192

　　接地线——过阶级感情关 /196

　　被抛出来的"靶子" /199

　　被抄家以后的日子 /202

第十五章　在那乍暖还寒时 /207

　　有衔无职见外宾 /207

　　1975年的勇气之作 /211

　　寒露报喜 /215

第十六章　科学春天的情怀 /219

　　聆听与回想 /219

　　"拿来主义"启动科学工程 /223

　　推动理论物理再先行 /227

　　促人工合成胰岛素申诺奖 /232

第十七章　晚年志行 /237

　　兼职当正业 /237

　　勤政殿——为中央书记处讲课 /241

　　怀仁堂——恳陈农业农村问题 /247

　　"可算找到老家了" /251

第十八章　平凡的普通人　/259

　　　　功成不居，不搞特殊——他的一个习惯　/259
　　　　严以律己，廉洁奉公——他的一贯风格　/261
　　　　比普通人还要普通的人　/262

附录　钱三强年表　/265

序

1964年10月16日,中国第一颗原子弹试爆成功。

这一天,正是钱三强的51岁生日。

这纯粹是"巧合"。钱三强的名字,并未出现在当时任何庆祝名单中。

第三天,钱三强就去参加"四清",去"接地气"了。

但钱三强的名字确实紧紧地同中国原子弹联系在一起。"钱三强是中国原子弹之父"的说法,就出自那时的报刊上。此说最先见诸文字,是1965年6月巴黎出版的《科学与生活》(月刊)登载的一则"公报",标题是《在中国科学的后面是什么》,文中这样写道:"中国的科学研究工作是由中国科学院领导的。北京原子能研究所的领导人,是曾在巴黎大学学习过的物理学家钱三强博士。他才真正是中国的原子弹之父。"

1967年6月17日,中国第一颗氢弹爆炸成功。

> **Communiqué**
>
> **QU'Y A-T-IL DERRIERE LA SCIENCE CHINOISE ?**
>
> Sept milliards de francs actuels ont été consacrés par la Chine à son programme atomique et de missiles.
>
> C'est l'Academia Sinica (on appelle ainsi l'Académie chinoise) qui dirige la recherche scientifique chinoise. A la tête de l'Institut atomique de Pékin se trouve un physicien ayant fait ses études à la Sorbonne, le docteur Ch'ien San Chiang, qui est le véritable père de la bombe A chinoise. Telles sont quelques-unes des révélations que fait *Science et Vie* dans son numéro de juin où, pour la première fois en France, le dossier de la science chinoise est ouvert.

1965年6月号《科学与生活》刊载的关于钱三强与中国原子弹的"公报"原文

此时的钱三强，正被关"牛棚"，他是从隔离室外的广播中听到这个消息的。

当晚，英国《星期日泰晤士报》发消息、法新社发电讯，除了惊讶中国的发展速度，又都写到钱三强是"中国核弹之父"。第二天，新华社编印的《内部参考》，全文译载了这些报道。当时，他不可能知道这些报道和评价。

这当然更是"巧合"。

自此以后，在国内一些热心人笔下，抑或言谈中，时有"之父"一类的字眼来形容钱三强在我国原子核科学事业发展中的作用。但钱三强本人从不接受，也不同意使用这样的字眼。

这类出自人们自发而非钱三强本意的说法，使他感觉到隐隐约约罩在一层不明不白的阴影中——有人似乎以为是他本人有意抢功。

这层阴影一直延续到了20世纪80年代，或许更晚。

1984年12月下旬，钱三强先前任职过的二机部，安排他出面宴请到访的法国原子能委员会快中子堆专家万德里耶斯（G.Vendryes），席间万德里耶斯问：中国的氢弹发展为什么那样快？钱三强从以往经历中意识到这个问题的敏感性，但又不能不说话，于是他原则性地讲了"主要是注意了预见性以及正确对待科学储备与任务的关系问题"。这并没有讲到任何单位和个人，更没有把这些工作和自己相联系。可事过不久，他的这次谈话引起了猜疑。

1985年3月15日，钱三强写了一张字条，请陪同接待万德里耶斯的中国科学院外事局人员写一份材料，证明那天的谈话内容。3月18日，科学院外事局五处写出证明材料："吃饭时谈过的中国爆炸原子弹、氢弹的事，确实如您所回忆的。"

如果说，这件事发生在20世纪60年代或者70年代，钱三强也许不会这样在意，因为那时候他已经感受习惯了，他会采取"是非终日有，不听自然无"的超然态度，自己消化了事。可是，已经到了80年代了，那层阴云还在，这是他没有想到的，尽管他心里再想"超然"，但是在他笔下，却掩饰不住丝丝苦楚。

事实上，钱三强并没有为自己争功，他写的文章和发表的讲话，可以说明这一点。以他一篇代表性文章为例，1987年钱三强和朱洪元合写过一篇系统回顾中国核科学发展的文章——《新中国原子核科学技术发展简史（1950—1985）》，全文约一万六千字，文中写到的有关科技人员和管理者的名字近两百人，文章多次写到，起过重要作用的科学技术专家就连那些刚从学校毕业做出了成绩的青年，也没有遗漏。

前面说到的那个氢弹话题，钱三强与朱洪元的文章里也写到了：

> 以王淦昌、彭桓武、朱光亚、邓稼先等为首的一批理论与实验物理优秀人才直接参加核武器的研制机构，从事研制工作。1964年10月16日，我国第一颗原子弹爆炸，我国便成为继美、苏、英、法以后第五个制成原子弹的国家。同时受二机部党组委托，1960年在所（原子能所）内，由钱三强组织黄祖洽、于敏等一批理论研究人员，开始做热核材料性能和热核反应机理的探索性研究，分析研究了基本现象和规律，探讨了不少关键性的概念，为氢弹研制做了一定理论准备。1965年初，原子能所这部分干部中的31人（包括于敏和黄祖洽）合并到核武器研制机构。我国第一颗原子弹爆炸后仅两年零八个月就爆炸了氢弹，我国成为继美、苏、英以后第四个制成氢弹的国家，而且成为世界上从原子弹到氢弹发展最快的国家。之所以能有如此高速的进展，氢弹原理预研是其重要原因之一。经过这一实践过程，成长了一大批联系实际的理论物理与计算技术和

爆轰科学技术的骨干。由于对国家做出了重大贡献，1982年获得国家自然科学奖两个一等奖：彭桓武、邓稼先、周光召、于敏、周毓麟、黄祖洽、秦元勋、江泽培、何佳莲由于理论工作获得一等奖；王淦昌、陈能宽、张兴钤、方正知、胡仁宇、陈希宜、经福谦、陶祖聪、张寿其、章冠人等由于爆轰实验工作获得一等奖。

知情者大多赞成这样的写法，认为较好地反映了当时的情况，符合实际。这使钱三强感到欣慰，所以1991年秋他决定将此文收入《钱三强文选》。

改革开放后，国内不少媒体采访钱三强，在报道他的成就和贡献时，多次有过把"中国原子弹之父"一类词用于他的情况，但凡他审稿见到了的都统统删去了。他向作者解释："外国人往往看重个人的价值，喜欢用'之父'之类的形容词，我们中国人还是多讲点集体主义好，多讲点默默无闻好。"

有时写他的文章会出现一些不太符合实际的词语，只要经他审阅，他都同样不会放过。1987年5月，《经济日报》记者写了一篇关于钱三强的文章，尽管钱三强对这位记者写的文章"抓住了重点，没有搞平铺直叙与繁琐哲学"给予肯定，但对文中一些不够实事求是的形容词提出了异议，并就此给葛能全写信，让其郑重告诉那位记者："他有些对我过奖了，'过'则'不实'。因此我提了一些'还我原来面貌'的意见，多数已用铅笔改了。"记者理解钱三强的意思，准备改用"卵石"和"沙砾"

来比喻他在我国原子能事业发展中的作用。当征求他的意见时，他欣然赞同："我作为一名科技工作者，为能把自己化作卵石、化作沙砾，铺在千军万马去夺取胜利的征途上，感到高兴和欣慰！"

所幸的是，钱三强生前终于听到了历史的回声。

那是1992年初春，中国改革开放总设计师邓小平巡视南方，发表了一系列纵论国家长治久安的谈话。邓小平在讲到中国要抓住时机发展自己时，深怀激情和期望：

> 每一行都树立一个明确的战略目标，一定要打赢。高科技领域，中国也要在世界占有一席之地。我是个外行，但我要感谢科技工作者为国家做出的贡献和争得的荣誉。大家要记住那个年代，钱学森、李四光、钱三强那一批老科学家，在那么困难的条件下，把"两弹一星"和好多高科技搞起来……希望大家通力合作，为加快发展我国科技和教育事业多做实事。搞科技，越高越好，越新越好。越高越新，我们也就越高兴。不只我们高兴，人民高兴，国家高兴。对我们的国家要爱，要让我们的国家发达起来。

3月的一天，何祚庥给钱三强打电话，说小平同志在南方发表了重要讲话，讲到了"两弹一星"，还说到了"一李二钱"。随后，钱三强到科学院机要室借阅刊载邓小平南方谈话的中央文件，就是那份不到8000字的文件，他仔仔细细、一遍又一遍阅读了整整两个小时。汩汩暖流从心底涌出，一种久违了的感觉，勾起他对那个年代的回忆与怀念。此时此刻，他不只是兴奋，也不只是感激，更多的是对未来中国的信念。

那个年代，对于钱三强而言，真正是难舍难分，奋不顾身。

1992年5月14日，长期主管全国科学技术工作的聂荣臻逝世。为了缅怀聂帅领导科技工作的功绩，5月29日首都科技界在北京人民大会堂海南厅举行座谈会。钱三强在座谈会上做了情真意切的发言，把他本人和所有在座的人，带到了那个可歌可泣的年代。回首过往，诸事如昨，讲着讲着，他哽咽了……

这样动情的场景，1983年6月也曾发生过一次。那时《光明日报》特约钱三强写一篇回顾聂帅领导科技工作的文章，他答应了，并且经过几天思考，用铅笔密密麻麻写下两页纸的素材，让葛能全帮助做些文字整理，然后亲自字斟句酌定稿。为了写出来既能贴切实际又不至于干干巴巴的，他向葛能全细说当年，说得有情有景，时喜时悲。当讲到经济困难时期聂帅等中央领导人时刻把科技人员放在心上、关心大家的疾苦时，他声音沙哑，眼眶里噙着泪水，深情感叹："古人有言，'士为知己者死'。我们有这样的知心领导，还有什么困难不能克服！"那年他发表在《光明日报》的文章和1992年5月29日他在缅怀聂帅座谈会上的发言，都是用的同一个题目——《科技工作者的知心领导人》。

钱三强亲自撰写了5月29日座谈会上的发言稿。他从28日伏案写作，熬夜到29日凌晨两点多钟，往事萦绕，辗转反侧，整夜无眠。

心脏病患者最忌讳情绪激动，而熟悉三强的人都知道，他最容易动真情。就在参加完纪念聂帅座谈会的当天晚上，已经患过两次心肌梗死的钱三强，心脏病再次严重复发，6月28日零时28分，他带着对那个年代的激情和无尽的回忆走了，永远地离去了。

就在钱三强离去的深夜，时任中共中央书记处候补书记、中央办公厅主任温家宝，获报后迅即亲往北京医院，来到病床前向钱老沉痛作别。7月3日，时任中共中央总书记、国家主席、中央军委主席江泽民亲自给钱三强夫人何泽慧打电话，对钱三强逝世表示深切哀悼，说钱三强同志对国家对科学事业贡献杰出，将永载史册，后人不会忘记他的。

1999年9月18日，在喜迎新中国成立50周年之际，中共中央、国务院、中央军委做出决定，授予包括已故钱三强在内的23位科学技术专家"两弹一星功勋奖章"。那天，江泽民在授奖大会上发表讲话，同样对那个年代充满激情和自豪。他说：

> 我们要永远记住那火热的战斗岁月，永远记住那光荣的历史足迹：1964年10月16日，我国第一颗原子弹爆炸成功；1966年10月27日，我国第一颗装有核弹头的地地导弹飞行爆炸成功；1967年6月17日，我国第一颗氢弹空爆试验成功；1970年4月24日，我国第一颗人造卫星发射成功。这些都是中国人民在攀登现代科技高峰的重任中创造的非凡的人间奇迹。

江泽民特别重述了邓小平一段言近旨远的讲话:"如果20世纪60年代以来中国没有原子弹、氢弹,没有发射卫星,中国就不能叫有重要影响的大国,就没有现在这样的国际地位。这些东西反映一个民族的能力,也是一个民族、一个国家兴旺发达的标志。"

钱三强一生所追求的就是在圆他心中的一个梦想——让自己深爱的祖国兴旺发达起来。

第一章

全面发展的新型少年

出自吴绍书香门第

浙北古城吴兴、浙东名城绍兴，是钱三强的两个故乡。前者为父籍，是钱家的祖居地；后者乃母籍，也是他的出生地。吴兴和绍兴自古都有"人文甲天下"的美称。

在吴兴城南的鲍山钱家浜（今湖州市道场乡），世居着一个钱姓家族，乃吴越国武肃王钱镠之孙忠懿王钱俶分出的穆文公尚书派的一个分支。吴兴钱氏初时以渔田耕稼为业，家境清贫，遇上不好年景，连温饱都难以为继。甚至有的家族成员穷得娶不起妻室，有的生下孩子无力养育送给渔户人家，有的则送到庙里当和尚。

吴兴钱家崛起，始于钱三强的曾祖父钱广泰，成于伯祖父钱振伦和祖父钱振常。

钱振伦少年得志，在道光十八年（1838年）22岁时考中进士，授了翰林编修。这次考试是史上有名的"戊戌会试"，以出名人多而著称，湘乡文正公曾国藩、林则徐之子林汝舟、李鸿章之父李文玕、吴兴同乡钮福保等都出自这一榜；加以钱氏具有的"文鸣一时"（曾国藩语）的才华，这些人脉后来得以延续，有的发展成姻亲关系。继兄长戊戌会试33年之后，同治十年（1871年），42岁的钱振常也终于考中进士，签分为礼部主事，跟他同榜的也是名人不少，如瞿鸿禨、劳乃宣、张佩纶以及鲁迅的祖父周福清等。钱振常同样以其文辞才思不凡而享誉一时，四位总考官给他的评语分别是："力厚思沈""志和音雅""气息渊懿""意蕴精深"；举荐卷子的房师写的荐语为："看题极真，下语如铸，次三词清腴吐属名隽，非读书有得乌能雅合如斯，诗稳炼。"

然而，钱氏兄弟虽文才杰出，又人脉条件很好，却官运不达，长长十年（兄11年）京曹，总是与升迁无缘。总结后人的研究文字，钱氏兄弟二人没有升官发财的原因，不外乎这样几点：一是清高且性情急，二是对于官场的"经世致用"之学研习素浅，再则就是不善于经营人际关系。无奈之下，他们的后半生先后走了另外一条路——辞职南归，教书终生。他们执掌过杭州、淮阴、扬州、绍兴、常州的多处书院，教出过不少文人名士。著名学者蔡元培就是钱振常在绍兴龙山书院教过的学生，蔡氏《自写年谱》说："我的八股文是用经、子中古字义古句法凑成的，龙山书院钱先生很赏识。"钱振常在龙山书院教过的学生，还有一位名叫徐元钊，也就是钱三强的外祖父。

钱振常有两个儿子。长子钱恂是清末外交家，光绪年间授二品官衔，出使过荷兰、意大利、俄国、德国、法国、英国等，因有功于朝，曾受到过光绪皇帝特旨召见，他的父亲和祖父也受到了诰封；次子钱玄同由侧室周氏所出，他就是钱三强的父亲。钱玄同出生时，其父已是62岁高龄，异母兄长钱恂也已经34岁了。

说到母籍故乡绍兴，必要先说"古越藏书楼"。古越藏书楼的创办者是钱三强的外曾祖父徐树兰，光绪二年（1876年）举人，授兵部郎中，封一品官职，后因母病归乡不出。他先捐银32900两购地、盖楼、置书，每年再捐银洋1000元作为藏书楼的日常开销，惠及四方。古越藏书楼坐落于绍兴城西的古贡院，占地一亩六分，是一处四进楼房，前部用作藏书、校书、印书，时藏书量达到71000余卷，仅书目就有35卷之多，除经、史、子古籍外，也有许多时务、实业类的新书，还有外国文献；而且开创了全新的分类方法，将全部藏书分为学、政两大部，共48类。藏书楼的中厅辟作公共阅览室，桌椅器具一应俱全，上午9时至11时，下午1时至5时为阅览时间，除了重要节日，每天对外开放。藏书楼管理健全，设有总理、监督、司书、司事及门丁、杂役，各司其职。鉴于此，任继愈主编的《中国藏书楼》，称其为开创中国近代新式公共藏书楼之先河。蔡元培有亲历记述:"同乡徐树兰藏书甚富,且喜校书印书。因六叔铭恩任徐家塾师之关系,被邀至徐氏'古越藏书楼'为其校订所刻图书。自1886年至1889年,均在徐家读书校书,遂得以博览群书,学乃大进。"

孔德学校的多面手

钱三强民国二年(农历癸丑年九月十七),也就是1913年10月16日生于绍兴。身为文字学家的父亲钱玄同按"东"韵,给起名"秉穹"。他兄弟姐妹六人名字的后一个字都押"东韵",依次为:秉雄、秉弘、秉工、秉穹、秉东、秉充。

第二年酷暑盛夏时节,母亲怀抱刚足9个月的秉穹,风尘仆仆进了北京城,同在高校任教的父亲住在西四北石老娘胡同一处大院中。后来搬了7次家,原因汇总起来不外乎三种:一、逃难;二、子女病死;三、为了子女就近读书。

秉穹6岁(1919年)那年进入北京高等师范学校附属小学发蒙。一年后转到孔德学校小学部就读。

说起孔德学校,那时候在北京名声不小。这不单是因校名冠了法国近代实证主义哲学家"孔德"(Auguste Comte)的姓,听起来感觉很特别,更由于孔德学校始终遵循创办人蔡元培的办学宗旨,提倡德、智、体、美、劳平衡发展。秉穹最初的印象是,这个学校的特点,学生比较活泼,不大读死书。

1926年,孔德学校成立篮球队,为了追求快速灵巧的战术,起名为"山猫"篮球队。秉穹闻讯后跑去找体育老师兼篮球队教练报名:"我要参加山猫篮球队。"

教练看看秉穹的个头,有点犹豫:"你能行吗?恐怕还是打乒乓球更合适些。"

"我乒乓球也打,篮球也打。个头不高可以打后卫嘛。"秉穹想做什么事,总是表现出一股子牛脾性。

教练再打量一下秉穹壮实的体魄,心动了,要当场测试他百米跑的速度。秉穹二话不说,立刻站到操场的起跑线上,一次、两次连续三次跑下来,勉勉强强获得通过。半年后,秉穹终于成了主力后卫,在几次校际友谊比赛中,山猫篮球队的成绩均居于全市中学上游水平。

60年之后,秉穹对山猫篮球队依然记忆清晰:

> 到我们十三四岁,以我们班为主成立的"山猫队",每星期练篮球,对正在发育年龄的青少年的身体成长有好处;同时对集体主义精神,特别是拼搏与创新精神的培养起了重要作用。当时"山猫队"的中锋周丰一和我(后卫)配合默契,由我做长距离投篮,他很快跑到篮板附近,不等球碰着篮板,就接住球轻巧而准确地投进筐去,外校球队称之为"托盘"。特别是在关键时刻用上几次,对胜负起了重要作用,"托盘"就是我们队练习时创出的方法。约两星期举行一次的篮球比赛,常常是全校快乐的日子。

钱三强(时名秉穹,左二)与山猫篮球队队员

走出篮球场,再打乒乓球,秉穹经常是大球小球轮番打。1928年冬,欧美同学会举行北平市第一次乒乓球比赛,比赛场地设在米市大街基督教青年会。经过选拔各校参赛的男女乒乓球选手数十人,编成几个组先进行分组赛,每组前三名进入淘汰赛,然后决赛。

孔德学校在这次比赛中大出风头。钱秉穹一路过关斩将,进入男子单打半决赛,最后取得了第四名。

钱秉穹的乒乓球爱好,后来还带到了清华大学。1935年他被选为清华校队主力队员,参加北平5所大学乒乓球表演赛,在男子团体决赛中,在大比分零比二落后的形势下,他和王务义连扳三盘反败为胜,秉穹独胜两盘。清华校刊刊文点赞:"钱三强攻球稳固而锐利,守球落点准确。"

1935年清华乒乓球队夺冠后。后排左一为钱三强

幸运的自由阅读

秉穹识字,是从学国语罗马字开始的。这也是"五四"新文化运动的一种折射。

那时候,钱玄同在文化建设方面,参与做两件大事:一是创编白话的国语教科书,一是修订用注音字母注定读音的《国音字典》。对于用白话做文章和汉字革命,钱玄同不仅是激烈提倡者,更是先行实践者。

他在对家中晚辈的教育方面,同样也是带头实践,所以秉穹兄弟近水楼台先得月。这带给秉穹的直接益处,就是从小可以不囫囵吞枣式地死背古文,允许自由阅读,即便当时传统观念认为的那些"闲书""杂书",也不禁读。

钱玄同对儿女们的开明,是从自己的痛苦经历中得出的。秉穹兄弟常听父亲引用谭嗣同的话形容自己"少遭纲伦之厄",说他3周岁时,就要站在他父亲的书桌前一条一条地背诵《尔雅》,站立时间长了,两条稚嫩的腿完全僵直不能挪步,只好由家人抱他回到房间躺下。到了10岁时,不仅读完了"五经",连《史记》《汉书》也背得滚瓜烂熟。有一次,钱玄同被父亲安排做背书比赛,他当着众人的面背司马迁的文章,竟能终篇一字不差。于是,钱玄同在乡里亲朋中获得了"神童"称誉,他的父亲更引以为豪,把全部希望寄托在儿子身上。钱玄同15岁以前,一直在为科举而发奋,一个人关在房里读经书,作八股,他已经吃够了苦头。

"五四"新文化运动时期的钱玄同

秉穹印象中的父亲，最明显的特征是"未老先衰"，40来岁就要靠拐杖帮助走路，而他又是那样闲不住，即使在学校讲课，同事们因为知道他双腿落下毛病而搬来凳子让他坐着讲，他仍然坚持不坐，说是坐着讲没有劲。

秉穹从小就可以自由阅读，也是从父亲切身体验中获得的。秉穹一直记得，"1919年我入小学的时候，读的是人、手、足、刀、尺和注音字母。父亲还为我订了中华书局和商务印书馆出版的《小朋友》和《儿童世界》作为课外读物，他很关心我们兄弟的教育和成长"。

秉穹兄弟感到幸运的，不仅是读什么书父母一概不加限制，而且在于家中就像一个书店，各种书刊报章应有尽有。从最初算起，秉穹读过的期刊有《小朋友》《儿童世界》《新青年》

钱三强和父母在北平家中

《小说月报》《创造季刊》《语丝》，古典小说《儒林外史》《水浒传》《西游记》《红楼梦》《镜花缘》《三国演义》，还有新小说《呐喊》《彷徨》，外国小说《鲁滨孙漂流记》《阿丽思漫游奇境记》等，都是在父亲的鼓励和支持下读的，思想很是放松。

儿时读过的书籍中，秉穹留下深刻印象的人物和事件有许多许多，其中英国著名小说家丹尼尔·笛福的《鲁滨孙漂流记》，最让他感动。他是在中学时读的这本自传体小说。半个多世纪后的1986年7月，他出席中国科学技术协会举行的科学界青年学者座谈会，在回顾自己青少年时代学习生活时，他绘声绘色地讲述了当时被小说主人公鲁滨孙不怕凶险和困难的勇敢精神所吸引的情景。他说，鲁滨孙长期在外经商，历经种种人生风险，在一次贩运黑奴海上航行中，突然狂风大作，船只触了礁，他死里逃生，孤身一人被海浪冲到了一个没有人迹的荒岛上，与世隔绝。为了生存，鲁滨孙开始自己动手制作工具，开荒种麦种稻，苦苦奋斗了28年。通过自己的劳动，鲁滨孙不仅生存下来了，还创业安居了，有了种植园，有了牧场……钱三强告诫出席座谈会的青年们：困难能压倒人，也能锻炼人，关键看你对待困难是什么态度，是不是具有拼搏精神。

改名儿

钱秉穹在家里兄弟中排行老三，他和同班两个最亲密的同学李志中、周丰一，按年龄和个头正好也排在三人的末位，但他体格强壮;李志中排三人的前头,却身体瘦弱,两人形成鲜明反差。淘气的周丰一(周作人之子)首先发觉这一特点,便给二人各送了一个外号:李志中为"大弱",钱秉穹为"三强"。李志中倒是很乐意接受这个雅号,口头上常常以"大弱"自诩。过了一些时日,在他们通信中居然也这样自称起来。

巧事发生在1926年冬,秉穹的母亲患了子宫颈肿瘤,紧急住医院治疗,主要是采用镭照射。那时全北京城只有协和医院一家有这种放射疗法,费用相当昂贵,每天要花二十几块大洋,所以再请不起人了,只好由家里人轮流看护。这年,好长一段时间秉穹不能正常到校上课,他要和大哥秉雄轮流去协和医院伺候重病的母亲。

在孔德学校与部分同学和老师合影。右一为钱三强

后来，母亲从死亡边缘脱险回到家里，秉穹兄弟同样还要常请假照顾，上学仍是时断时续。李志中、周丰一生怕秉穹落下课太多，有时登门有时写信寄到家里，通报授课进度，顺告学校"新闻"。

一次，李志中写给秉穹的信，抬头是习以为常的戏称"三强"，落款署名"大弱"。

这封原本平常的信偶然被钱玄同见到了，他随意问道："嘿，这封信是谁写给谁的呀？"

秉穹回答说："噢，那是我们班上同学李志中写给我的。"

"那信头信尾的'三强''大弱'又是什么意思？"父亲有些好奇。秉穹把其中原委做了解释，然后说："那是我们之间的戏称，随便写的。"

父亲听完秉穹的说明，引发他许多联想。好久以来，他想到为儿女起名字这件事，有悖于自己倡导新文化，反对复古，中国文字要朝着大众化、平民化改革的主张，过于讲求文字形式，不符合"致用务求其适"的原则。

而且钱玄同早已感受到了，因为起名字过于讲求音韵，结果生出许多尴尬的事。他有过多次这样的经历，有时家中有急事打电话到学校，本来说的找秉雄，结果来接电话的却是秉穹；有时候要找秉穹，来接电话的又是秉雄。他曾经有过要给他们改改名字的念头，只是没有适当的机会，也一时想不出改什么名字好。

一天吃完晚饭，钱玄同把秉穹叫进书房，继续谈那个"三强"话题："你觉得'三强'这个名字怎么样？"父亲实际上是暗示有意为秉穹改名儿，但秉穹一下子想不到这上头，于是说："爸爸，那不是我的名字，只是几个同学瞎叫的外号。"

父亲这时直截了当说出自己的态度："依我看，'三强'意思不错，可以解释为德、智、体都争取进步。你愿意不愿意把名字改为'三强'？"

秉穹感觉很意外。他以为起名儿和改名儿是件大事，不可以随随便便的，要不然，他早就提出改名字的要求了。从心里说，自打上学以后，他一直为书写自己的名字发愁，尤其那个"穹"字怎么写都不好看。好些同学也有同感，说还不如多写几笔写成"窮"字好看。既然现在父亲有了改名儿的意思，正是求之不得，他马上做出响应："只要父亲以为合适，我没有意见。"

说改就改，父亲又把秉雄和年仅5岁的秉充也叫了来，当着他们讲了改名儿的意见："名字本只是一个符号。我过去给你们起名字，过分讲求文字音韵，其实不合实用。老大秉雄的名字，就不必改了，秉穹、秉充都改一改，以免读音相近造成不便。秉穹改为'三强'，这是他同学叫出来的，我以为意思还不错，符合现代进步潮流，也是父母所期望的。"

钱三强每当讲起自己名字的来历，总要提到那位自诩"大弱"的李志中。他说过，没有"大弱"就没有"三强"。李志中在钱三强所有孔德同学中，是占有重要位置的。

1982年5月上旬的一天，钱三强突然接到学友李志中逝世的讣告。他虽然时任中国科学院副院长，面前摆着不少公务，还有会议要参加，但那天他还是赶往八宝山，向"大弱"告别。

1986年夏，钱三强在亲笔撰写回顾孔德学生经历的文章里，加重介绍了男生和女生各一人，其中男生便是李志中，除了叙述他的主要经历，特别讲道"他比较有才华，会写诗，和我感情较好"。

第二章

从牛到爱

憧憬实业,志在学工

1929年春,离高中毕业还有一段时间,班上好多同学早早地在父母安排下,做着各自的升学计划。不到16岁的钱三强,一天偶然发现学校图书馆进了不少新书,其中有单行本的孙中山著作。当他聚精会神地细读《三民主义》和《建国方略》两本小册子以后,最令他向往的,是孙中山提出的关于未来中国物质建设的"实业计划"。

孙中山在《建国方略》中周密设计的六个实业计划,给钱三强留下印象最深刻的是要大兴港口建设、铁路建设和工业建设,以此推动中国先进起来。这个"实业计划",在钱三强眼前仿佛展开来一幅美不可言的现代中国蓝图,"这顿时使我感到要使国家摆脱多少年来受帝国主义侵略的屈辱,走向富强,非建立强大工业不可,因而决定要学电机工程"。

他回到家便对父亲说:"爸爸,我想好了。我要学工科,将来做电机工程师。"

父亲虽然觉得突然,但想到儿子必有缘由,问道:"噢,那你是怎么想的?"三强照实讲了他阅读孙中山的实业计划的想法后说:"工程师是建设实业最需要的。"

父亲略作思考后问三强:"学工科做工程师是不错,那你准备考哪个学校呢?"

"我想过了,考上海交通大学。"

钱玄同马上想到一个问题,提醒三强:"你想过没有,就我所知交大教学用的是英文教本,你能跟得上吗?"

三强一听愣住了,这确实是一个难题——孔德学校一直用法文教学,到了交大一下子要适应英文教学,而且专业课又那么多,谈何容易。

钱三强经过和孔德几个有同样想法的同学商量,合计出一个办法——先考北京大学读理科预科。北大理科预科则主要用英文应试,偶有用德文应试的情况,但法文应试尚无先例。

面对新情况,钱三强并没有打退堂鼓放弃自己志愿的打算。在他的影响下,孔德高中毕业班最后有三人(除了钱三强,还有卓励和女生陶凯孙),坚持说服北大允考预科,并表示将来若是英文跟不上，情愿留级再复读。

1929年钱三强考入北大理科预科以后的情况，他本人在1986年写过一段回忆文字：

> 北大预科开学以后，新生约二百人，从全国各地来的，分为四个班。以外文（英文）程度先分为三个班，第四班是用德文与法文考进来的和英文程度比较差的，我们三人自然就在第四班了。当时一方面非常兴奋，有点长大了的感觉，另外也确实有点担忧——英文问题。开学以后英文有两门课：一是读本，学法兰克林自传；二是修辞学。理科的课程数学、物理、化学、生物都是用英文课本，老师们很可能由于习惯努力或维护"尊严"（那时是半封建半殖民地的旧中国），直接用英语讲，这对我是很大威胁。幸亏第二星期起逐渐地改为以普通话为主，夹杂着英文的科学术语，这样我就能听懂大意，在课堂努力做笔记，下课后在图书室或在家里努力查字典，将英文课本的内容与笔记对照，获得科学知识。从此运动场也不去了，家中我的歌声也少了。总之头半年与字典结下了不解之缘。到学期考试时，各门自然科学课考得还不错，但是英文考试确实有点担心。等到收到学期考试成绩单时，英文得了65分，我高兴得跳了起来，赶快告诉父母，他们也为我英文及格而高兴，同时鼓励我要继续努力，父亲还同母亲说："他是属牛的，倒真有股子牛劲！"

考入北京大学理科预科时的钱三强

改初衷，转考清华物理系

初来乍到时，钱三强不大习惯北大的主动学习气氛，加之自己英文程度较差，年纪小，又是预科生，心里有时有点儿胆怯。到了1930年，情况完全不一样了，他开始凭着自己的好奇心，带着"扩大知识范围"的渴求，有选择地听些不是规定范围内的课，理学院本科生的课也去听。他回忆说：我那时有好奇心，物理系高年级的课也去旁听，课外讲演也去听，总之凡是能扩大知识范围的，我总是积极地去参加。我还记得当时清华大学物理系教授吴有训和萨本栋，都在北大兼课，他们都是实验物理学家，把近代物理和电磁学都讲得很清楚，并且在课堂上还有实验示范。

这个时候，钱三强的课外阅读又开始多起来，他读了不少科学著作，其中英国科学家罗素的《原子新论》，对他转变学习兴趣产生了重要影响。他说："课外读物英国罗素著的《原子新论》，对原子构造给出了一个简明扼要的叙述。这些都使我的兴趣逐渐转到物质结构上来了。"

钱三强在多次听了几位清华物理系教授在北大的授课后，相比之下，觉得北大物理系本科教授比较逊色，因此便产生了考清华大学物理系的念头。

为了追求最好，1932年，19岁的钱三强毅然放弃北大预科和本科三年学历，考入清华物理系重读一年级。有同学劝阻他，但他还是那个牛脾气，认准了就要去做，非达目的不可。

父亲对三强改变初衷考清华物理系，本着他"主张完全要用自己的兴趣来决定，万不可由别人用了功利主义做标准来'指派'"的态度，并且别出心裁书写了"从牛到爱"四个字送给三强，解释说："写这样几个字寓意有二：一是勉励三强发扬属牛的那股子牛劲；二是在科学上不断进取，向牛顿、爱因斯

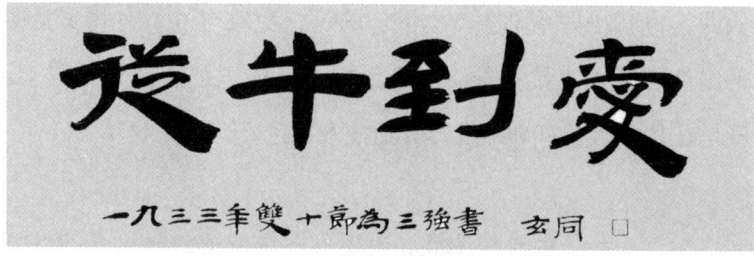

钱玄同为钱三强手书的"从牛到爱"

坦学习。"自那以后,钱三强以"从牛到爱"为座右铭,人到哪里就把它带到哪里,曾经带到了巴黎、里昂,后又带回国,相伴整整60年。

那时清华物理系,云集了当时中国物理学领域众多名家。第一次使钱三强享受到荣耀的,是1932年8月,刚入清华校门就遇上了中国物理学会成立并在清华大学科学馆举行的第一次年会。到会的19位物理学家中清华物理系人数最多,叶企孙、吴有训还都兼任物理学会的要职(首任理事长为李书华)。光这一点,就对钱三强无形中产生了鞭策和激励。时隔半个世纪后的1982年,当年初入校门的钱三强如今当选为中国物理学会理事长,这时的物理学会会员有两三万人,下属20多个分会和专业委员会。

钱三强进入清华后,明显感觉到这里跟北大有许多不同。清华物理系的教授多是从美国留学归来,他们一色的美国教育方式,上课讲解例题,介绍最新发展,启发思考,注重培养学生既动脑又动手的能力。

那时物理系开设的实验课种类很多,既有供全校选修的实验课,也有物理系学生专修的实验课,更难得的,有些实验课是由知名教授直接指导学生动手操作。钱三强吹玻璃的技术,就是在1935年吴有训开设"实验技术"选修课上的收获。

日本侵占我东北后,我国有不少爱国的知识分子到国外去学习实用技术。吴有训先生1934年曾到美国去了一段时间,想为国家制造真空管做些工作。他从国外带回一些吹玻璃的设备、玻璃真空泵与各种口径的玻璃管等。1935年他就开了一堂"实验技术"的选修课,我们班中有五六个人都参加了,我也是其中之一。他手把手地教我们,让我们掌握烧玻璃的火候和吹玻璃的关键所在,并随时指出我们的缺点,我感到得益不少。

这里要说到一件事,钱三强爱好和重视实用技术,还影响过气象学家叶笃正(2005年度国家最高科学技术奖获得者)一生的事业选择。那是1935年,叶笃正从南开中学毕业考入清华大学,他听了钱三强的劝告,放弃原本想学物理的打算而学了气象。对于这件事,叶笃正在心里记了70多年:进入清华后"第一件事是选系,我本来想进物理系,可是当时物理系四年级的学长钱三强劝我学气象。那时钱三强先生和我一起打乒乓球,这样我们就熟起来了。他说气象也是物理的一部分,但比较实用,我接受了他的劝告,这就决定了我一生的事业"。

第三章

东黄城根起步科学生涯

从毕业实验到第一篇科学论文

钱三强所在清华物理班级1932年入学时原有28人,后来逐年减少,到了四年级准备做毕业论文的时候,已经只剩下10名学生了。这10人是钱三强、王大珩、何泽慧、于光远、杨龙生、杨振邦、黄葳、陈亚伦、谢毓章、许孝慰,其中于光远是1934年从上海大同大学转入清华的,那时名叫郁钟正。因为毕业生少,老师指导学生做毕业论文,差不多是一对一。对这种情况,钱三强后来总结认为:"这种环境使我们这一班以做毕业论文比较认真著称。从先生指定题目,参阅文献,设计实验,制造设备，进行实验，到写作论文，是研究工作一个全过程，与今天大学中进行的硕士论文差不多。这种训练，对学生毕业后进行科学技术工作大有好处。"

钱三强的毕业论文由时任物理系主任吴有训教授做指导，内容是研究金属钠对真空度的影响。吴有训教授给钱三强一只扩散真空泵和一些玻璃管材，作为实验的基本材料，然后要求单独设计和制作。

1936年春，钱三强开始查阅资料，设计管道图，并到金工车间用角钢焊接了一个支架，用一只扩散真空泵和一些玻璃管材制作了一台真空系统装置。一天，他刚启动抽真空，突然"嘭"的一声响，整个玻璃真空系统爆炸了，扩散真空泵中的水银流了一地。钱三强虽然没有在爆炸中受伤，但也吓得不知所措，慌忙跑去报告吴有训。吴有训首先不是责备，而是吩咐钱

在清华大学无线电实验室做实验

三强赶快把实验室的门窗打开,人暂时不要进去,以免摄入水银蒸汽中毒。

两天后,钱三强和吴有训一同来到实验室。经过总结分析,弄明白了发生爆炸的原因是玻璃制品的结构应力不均匀,而要克服这种情况发生,关键是吹制玻璃设备时要注意退火和遵循退火的操作程序。钱三强重新再干,终于取得成功,毕业论文得到了90分。

清华毕业时,钱三强有两个可供选择的工作去处,一个是南京国防部兵工署,另一个是北平研究院物理研究所。要是单依个人意愿行事,他可以立刻拿定主意,但想到择业是件大事,关系个人一生的努力方向,应该先征得父母意见。父亲听后不

清华大学物理系八级毕业合影
前排左起:王大珩 黄葳 许孝慰 何泽慧 于光远
后排左起:钱三强 杨振邦 陈亚伦 杨龙生 谢毓章

说自己的意见，而反问三强本人有何想法。

三强实话实说：依我个人的兴趣，我当然愿意到北平研究院物理研究所，可是有同学主张去南京兵工署，说那里条件好，聘请了德国顾问，还说那里薪金高，个人发展机遇也多。

"我还是原来的态度，你们自己的事情自己决定。"但是，父亲从心里不赞成选择兵工署，他想想又说："既然你有兴趣从事物理科学研究，我看也是不错的。"

万事唯求平安的母亲，更不愿意三强同军事、政治发生瓜葛，她立刻表示意见说，不要去南京，还是留在北平好。

钱三强把决定到北平研究院物理所的想法报告了老师吴有训，吴有训教授不仅表示支持，而且还给所长严济慈写了推荐信。

北平东黄城根42号是一处红漆大门的老四合院，院子很大，在保持旧式格局的基础上，新建了一栋三层高的现代楼房，作为北平研究院物理研究所和化学研究所合用科研楼，遂称为理化大楼。

1936年7月，钱三强报到后定为助理研究员，月薪80块大洋，再兼做一份无报酬的辅助性工作——所图书室管理员。

钱三强在物理所做的第一项研究课题，是关于带状光谱的分析与测量，钱三强要研究化学元素铷的紫蓝色光带，分析测量它的游离能量。到年底，实验已经全部做完，严济慈看了整理的数据，认为应该写成文章发表，他还特别提醒，文章写好后要送给清华老师叶企孙、吴有训他们看看。1937年3月18日钱三强写成《铷分子离解的带状光谱和能量》(*Band spectra and*

在北平研究院物理所做实验

Energy of Dissociation of the Rubidium Molecule）的英文稿，和严济慈联名寄给美国《物理评论》，同年7月15日发表于该刊第52卷。

钱三强的第一篇研究文章，发表在自己的本命年（牛年），正好巧合了首开"从牛到爱"科学生涯的记录。

文言文不好，险些影响留学

钱三强和严济慈首次成功合作，彼此都留下好感。在严济慈方面，又开始酝酿一个新的计划，他想找机会让钱三强出国深造。有目的地派出国深造，是严济慈从长远着眼培养人才的习惯做法，当协助他工作的青年取得好的研究进展，或表现出具有独立工作能力和良好发展前途的时候，他不失时机地推荐到国外的研究机构或大学去深造。

1937年初的一天，钱三强记得："有一个星期六的下午，严先生找我去谈话，问我是不是学过法语。我说在孔德学校时学过。他就到图书室取来一本法文科技书，让我念给他听听。他听了一会儿，说我'法语程度还不错'之后，才告诉我为什么要考查我的法文，原来是想让我去考中法教育基金委员会到法国留学的公费生。"

留法考试，先后考了物理、数学、外语（法文、英文两种答卷任选）和语文四门课。等到最后考完语文，钱三强心里开始发凉了，觉得赴法留学可能要成为泡影。原因是一个时期以来，国内文化教育领域正逆新文化运动宗旨而行，刮起一股复古风，中法教育基金会这次出语文考试题也受到了影响。考试院由戴传贤负责出文科考题，他规定考生写两篇作文，一篇用白话作，一篇要用文言作。对于钱三强，写文言文正是他的先天不足，见了考题心里就发怵，文章自然不会写得好。其实，他早知自己存在两大弱点——文言文和毛笔字，只不过因为选学了理科没有觉得是大问题，这次留法考试使他有了切身体验，体会到一个人的长处和短处往往是共存的，一碰到实际便显露出来。

事情正如钱三强自己所料，考试委员会确实认为他的文言文写得不大好，而物理数学成绩则比较好，几门课平衡下来综合成绩还不错。综合成绩不错的考生还有一人,他是用英文答的卷,尤其文言文写得好,但物理数学成绩不如钱三强,结果评委们认为,去巴黎大学镭学研究所攻读镭学博士学位取钱三强更合适些,于是决定公费资助三年,每月合2000法郎。

时过半个世纪,钱三强在回顾这段往事时认为这是他的幸运:"我参加了中法教育基金会组织的留法学生考试,我考取了镭学名额,而且是到世界上原子科学研究最先进的机构之一——巴黎大学居里实验室;指导我从事研究工作的导师,正好又是发现放射性元素的约里奥·居里夫妇。可以想象,这一切对于一个刚迈出学校大门,充满幻想的科学青年该是何等幸运!"

第四章

大师指导初试锋芒

改建威尔逊云雾室

1937年10月25日,是钱三强在居里实验室的第一个正式工作日。这之前,他主要是熟悉实验室的情况,听伊莱娜·居里开设的"放射学"基础课,伊莱娜·居里每周亲自讲授两次,外加阅读指定文献,还有讨论交流。

钱三强的博士论文,是用云雾室研究含氢物质在 α 粒子轰击下所产生的质子群。伊莱娜认为这是当前原子核科学发展的前沿课题,又是原子物理学与化学的结合点,而且与实验室内正在开展的研究课题,既不重复又相互衔接。

钱三强在塞纳河上

钱三强对于要做的研究课题,可以说是一无所知,一切都要从头开始。他如同在北大预科攻英文、在清华写毕业论文那样,全神贯注地投入,采取"东问问,西问问"的虚心态度向人请教,同时他也热心助人,经常帮助别人"打杂"。这样时间不久,他在居里实验室这个国际科学集体里,初步树立了良好印象,化学师郭黛勒夫人当众赞扬说:"你们有什么事做不了,要人帮忙的话,可以找钱来做,他有挺好的基础,又愿意效力。"

伊莱娜对实验室里发生的各种情况了如指掌。12月的一天,她突然找到钱三强说:"约里奥在法兰西学院核化学实验室,正在改建一台云雾室,需要一位助手去帮助他,你愿意去帮他的忙吗?"她强调,"如果愿意的话,博士论文可以由改建云雾室设备开始做,这对完成你的论文是必要的。"

此前钱三强同约里奥仅有过一面之识,那是他刚到居里实验室不久的一个星期日,伊莱娜约请研究室里的几个青年到家里做客,在安东尼勒诺特大街76号那座老式别墅内,她教青年们跳舞、打网球。钱三强教约里奥·居里夫妇的小儿子打乒乓球,约里奥先生穿一件白底黑条的夹克,手里端着一杯咖啡,先是站在旁边看热闹,兴趣上来后,他也一起参与来玩乒乓球。

约里奥让钱三强参观了他在家中的工作室,看到这里如同伊莱娜的办公室一样,陈设简陋却十分得体。同约里奥的第一次谈话,使钱三强感到既亲切又信心倍增。约里奥先问了关于中国的情况,他特别关心中国遭受日军侵略的处境。言谈中,约里奥对中国人民抱以同情,但他不理解为什么一个大国遭受一个小邻国侵占,而政府不号召人民起来反抗,赶走他们。

在谈到科学工作时,约里奥提醒钱三强,"原子核物理学与原子核化学密不可分"。他谈兴很浓,又爽朗幽默:"我的原子核化学实验室,同伊莱娜的实验室一直联系密切。我和伊莱娜生活上分不开,工作上也分不开。"

仅此一面,钱三强便产生了一种特殊感觉,他觉得自己性格中的某些地方,与约里奥有些相似之处,因而他们谈话显得格外轻松愉快。

按照伊莱娜的安排,钱三强第二天便到法兰西学院面见约里奥。约里奥简明扼要介绍了工作意图,要对现有的威尔逊云

钱三强在法兰西学院协助改建的可变压力云雾室

雾室进行两项改进：一是改进充气压力，并使其达到可以人为调节，测量粒子的能量范围能够自由控制；另一项改进，设想将膨胀速度放慢，让有效灵敏时间延长一些，使每次实验得到尽可能多的粒子径迹数据。

云雾室（亦称云室），是用以观察和拍摄带电粒子径迹的仪器，由苏格兰物理学家威尔逊（C. T. R. Wilson）1912年发明的。威尔逊也因此获得了1927年的诺贝尔物理学奖。威尔逊云雾室成为一种研究原子核粒子径迹的基本设备。但是，钱三强来居里实验室之前，没有见过云雾室，更不了解它的构造和应用。

接受协助约里奥改进云雾室的任务后，钱三强首先想要知道云雾室为何物，懂得如何使用，并利用现有的云雾室做做实验练习，以便建立感性认识。他就这样一步一步往前走，一点一点积累知识。

几个月过后，云雾室的主要构件都有了眉目。有的是钱三

钱三强在法兰西学院居里实验室用仿制的可变压力云雾室做实验

强动手制作的,一些因条件所限自己不能制作的构件,像金属底盘、金属网、金属丝等这些东西,是他画好图纸亲自拿到巴黎郊外的一家金工厂,和那里的技术工人一起边制作边修改完成的,有时要返工好多次。

约里奥对此感到很惊讶,问钱三强怎么能在这么短的时间都学会了。钱三强告诉他说,在清华大学时就热心参加老师的实验技术课,注意培养自己的技能。他还告诉约里奥,自己和金工厂已经建立了很好的配合关系。

1938年冬,云雾室的两项改进顺利完成。经过实验检测,改进后的两种效果都不错,其中有效灵敏时间,由原来的0.1~0.2秒,提高到了0.3~0.5秒。

紧接着，约里奥让钱三强再设计制作一个自动照相系统，要求能自动卷片，使瞬间出现的粒子径迹能自动记录下来。这既提高工作效率，又能避免或减少实验中因配合失误而漏掉观察的情况。没有多久时间，自动卷片的照相系统，也由钱三强制作完成。

这种改建后的云雾室，约里奥称它为"可变压力威尔逊云雾室"，成为他实验室一件基本设备，在后来的一些实验中起到了重要作用。1939年初，约里奥就是用"可变压力威尔逊云雾室"首次记录到铀受中子轰击时产生裂变碎片的径迹，这是世界上第一张用云雾室拍到的铀裂变照片，并于同年2月20日在法国科学院《周报》上公开发表。

正是由于"可变压力威尔逊云雾室"发挥过的历史作用，后来它被作为重要纪念物珍藏于巴黎"居里与约里奥·居里博物馆"。它的说明文字这样写道：法兰西学院内由钱三强改建的威尔逊云雾室（1938年）。

这次初试锋芒，钱三强获得了意外惊喜，约里奥亲口告诉他，他的博士论文将由自己和伊莱娜共同指导，并且说居里实验室和法兰西学院核化学实验室的仪器设备，他都可以使用。

见证核裂变发现

20世纪30年代末，围绕着富有神奇色彩的核裂变现象的发现，一时间，各国物理学家都把注意力集中在进一步认识其中的奥秘上，尤其当时几个著名的研究机构形成一种只争朝夕的竞赛局面，更在原子核科学领域起着互动作用。

钱三强刚好赶上这次科学竞赛，耳闻目睹了这一既幸运又遗憾的事件发生。关于这一点，1989年他在《我对五十年前发现裂变现象前后的一些回忆》文中有生动记述：

> 我清楚地记得，1938年秋天，有一次，伊莱娜·居里夫人在居里实验室做报告。她走上讲台就说："今天我讲的东西，开始你们大家都能懂得，但后来可能大家都不懂，报告结束时，你们大概会和我一样糊涂。照道理讲应该是什么元素，可实际上就不是。"

那天伊莱娜报告的，是她和萨维奇（P.Savtch）新近做的一项实验，他们用快中子或慢中子轰击铀，都能产生与钡共沉淀的三种半衰期各不相同的放射性物质。它们的子体与镧共沉淀，相应的半衰期也都不一样，这说明，三种母体的化学性质与钡相似，而三种子体与镧相似。按照当时的常识理解，三种半衰期的衰变子体应归之于锕231的三种同核异能态；但当伊莱娜用精细化学方法对这些放射性物质做进一步研究后，发现一种半衰期为3.5小时的所谓"锕"，其实更像是镧。这样问题就出来了：中子与铀原子核发生反应，怎么会产生离得很远的镧呢？所以伊莱娜说大家听了后都会糊涂。事实上，伊莱娜和萨维奇的实验，已经接近发现核裂变现象了，但他们没有从矛盾和困惑中迈出关键的一步——做出正确解释,而被德国的哈恩捷足先登了。

关于这段经过,钱三强有以下记述:

> 伊莱娜·居里和萨维奇的文章发表之后,传到柏林,当时柏林威廉皇帝化学研究所的领导人是奥托·哈恩。哈恩的合作者斯特劳斯曼看到了伊莱娜的论文,把它送到哈恩面前,并说"这篇文章您一定要读"。哈恩一看文章,就坐不住了。他与斯特劳斯曼立即来到实验室,动手再做实验,对所谓的"镭"和"锕"放射性做严格的化学鉴定。镭的化学性质与钡非常相似。已经证明,不是镭就是钡。为了确定究竟是镭还是钡,哈恩和斯特劳斯曼设计了专门的实验,来区分它们。结果出乎意料,所谓的"镭",竟是跟着钡走的。中子轰击铀产生的这些放射性物质,并不是镭的同位素,而确实是钡的同位素。伊莱娜·居里的锕镧之谜,也真是镧而不是锕。
>
> ……
>
> 哈恩把新结果迅速告诉了身在瑞典的老合作者梅特纳。梅特纳深信,哈恩的实验不会错。她与当时与她做伴的外甥弗立许讨论这一实验事实的含义,终于理解了:原来是一个重原子核分成了两块!这样就会形成两个中等质量的原子核(后来被称为裂变碎片)。根据原子核物理的基本知识,他们立即判断出,原子核分裂成两块时,应该释放出高达200兆电子伏的能量。弗立许很快用电离室观察到了裂

变碎片巨大能量引起的高幅度脉冲信号,证实了这一推断。仿照生物学中细胞分裂的概念,这个新现象被叫作"原子核裂变"。

以上这段亲历文字,从科学史特别是原子核科学发展史的角度说,它给后人留下了一份十分珍贵的历史见证,它对全面考察和研究裂变现象发现的来龙去脉,以及科学家个人在其中的成功与失败、经验与教训,定会有所裨益。

由于这段经历恰好发生在钱三强刚踏进科学之门的时候,它对于他的整个科学生涯,所起到的启迪作用是非常重要的,就如他在另外一篇回顾自己科学道路的文章中做的总结:"科学发现需要胆识,科学发现更需要勤奋。我们所知道的(有些有亲身的接触,有些只有间接的了解),几乎所有有所成就的科学工作者,不论中外,都是十分勤奋的。他们把全身心放在科学工作上,在紧要关头,更是达到了废寝忘食的程度。只有胆识而没有勤奋的工作,我想是很难有成绩的;反过来,只有勤奋而缺乏胆识,则可能只有较小的成果而难以有重大突破,甚至会让重要发现从自己手中白白溜走。"

目睹"链式反应"成为可能

1939年到1940年短短一年时间里,约里奥主持的法兰西学院核化学实验室和伊莱娜主持的巴黎大学居里实验室,完成了一系列有关裂变的重要研究,有的是钱三强直接参与其中的,有的是他耳闻目睹的,所以他感觉到"那真是科学上的沸腾岁月","时常眼花缭乱,最激动人心"。

钱三强由于得到伊莱娜和约里奥的共同指导,并且可以使用两个实验室的设备做实验,从而有更多机会接触到原子核物理学"诱人的"最新发展。

1938年底和1939年初发现裂变现象,钱三强只是荣幸地间接见证了,而接踵而至的又一轮接力赛——证明铀核引起链式反应的可能性,他却是一位直接感受者。

钱三强虽然不是中子散射实验的参与者,但他从一些迹象感觉到这项实验的重要性,他不止一次听到约里奥说:"我相

钱三强(后排中)1946年在巴黎出席世界科学工作者队伍会执委会时同约里奥(前排左二)、贝尔纳(前排左三)等合影

信，这个时候一定有许多物理学家在做同样的实验。"过后不久，约里奥在法兰西学院的实验室里向大家讲了一次实验显示的中子散射情况，钱三强在场看到显示的结果证明，一个中子引起铀原子核分裂，放射出的中子能量很大，于是约里奥提出了"中子过剩"问题，这就预示着有可能发生新的反应。

接下去，约里奥和两位助手进一步用热中子照射铀原子核使它放射出中子。做完实验后，约里奥居然几天闭门谢客，独自进行一系列演算，他计算出放射的中子的能量至少有11兆电子伏。据此，约里奥马上得出判断，这样大的能量会有可能引起链式反应。稍后，约里奥小组首先实现了一次"递减的链式反应"（没有达到临界的链式反应）的实验，并且预计如果用不易吸收中子的材料（如重水）作为中子慢化剂，就能实现"递增的链式反应"，即自持式链式反应。他们当时推测，每次裂变释放出来的中子约接近3个。这就不言而喻，链式反应是完全可能的。这一实验结果发表于同年4月7日。

钱三强1989年在回顾他的这次经历时，将"链式反应"接力赛整理出一份时间表，他写道：

我们应该记得，1935年底弗莱德里克·约里奥·居里在诺贝尔奖获奖演讲会上的预言。那时，他已经设想过这种链式反应的可能性了。所以一听到发现新现象，便和柯伐斯基、哈尔班等人一起，马上就投身于裂变过程的中子发射问题研究中去。与此同时，费米在纽约，库尔恰托夫在苏联列宁格勒（今圣彼得堡，后同），都在赶做同类的实验。结果是，约里奥等1939年4月7日领先发表了实验结果：热中子，即平均速度为2200米/秒的慢中子，引起铀原子核裂变时，确实会发射中子，它们的平均数目是，每次裂变发射接近三个中子（后来更精确的测量得出，是2.4个中子）。也就是说，链式反应是可能的！仅仅三天以后，4月10日，库尔恰托夫就在列宁格勒技术物理研究所的讨论会上报告了类似的结果。4月17日，费米小组的同样结果也在美国物理评论杂志上刊出了。这又一次说明了，科学发现问题上竞争的激烈程度。

"链式反应"这个词，出自约里奥1935年12月12日在斯德哥尔摩的诺贝尔奖颁奖典礼演讲中。后来，约里奥的传记作者披露说，他的精彩演讲是经过字斟句酌的，字字重要。以下是约里奥的那段演讲词。

在回顾过去的时候，我们看到科学发展越来越快。我们有理由认为科学研究工作者，如能随意合成或分裂元素时就会知道将怎样引起具有爆炸性的转变，正像化学链式反应一样，由一种转变将引起更多的转变。如果物质内部发生这种转变，我们可以预期将有大量有用的能量释放出来。不幸的是，如果我们地球上所有的元素都这样被传染了，我们将忧心忡忡地看到这种巨变带来的后果。

不寻常的博士论文答辩

进入1940年,钱三强的博士论文进度,无意之中恰似在跟希特勒的战争计划竞赛。到1月,实验研究工作全部结束,论文业已吸收导师伊莱娜的意见做了修改,并经她推荐在法国物理学会的《物理学与镭学学报》发表。因为文章较长,包括图表共有20多页,发表时分为A、B两部分,总题目是《含氢物质在Po-α粒子轰击下所产生的质子群》。同时,论文全文(含附件)提交法国科学院,申请评审答辩。

1940年4月11日钱三强的博士论文在评审委员会答辩通过后,由法国科学院印刷的存档首页法国科学院照章行事，组成了论文评审委员会，由老资格的放射化学家德比艾纳担任评审委员会主席。德比艾纳在法国科学界大名鼎鼎，他1899年首先发现锕元素，后来一直致力于锕系放射性研究，并且卓有成效；他有很深的科学资历，是老居里夫妇的亲密同事，1934年居里夫人逝世后，由他接任居里实验室的第二任主任职务；他曾经与伊莱娜合作证明锕的一种衰变子体Ack，其实就是元素表里的第87号元素，他们把它命名为"钫"（Francium即"法国素"），以此纪念自己的祖国法兰西。

另外两位评审委专家，一位是伊莱娜·居里，一位是巴黎大学教授奥热（M. P. Auger），都是名冠法国科学界的人物。可以说，这样的博士论文评审委员会阵营，在法国核科学领域称得上是顶级规格和最具权威的。

后来的事实做出了佐证，当1945年法国成立掌管全国原子能科学、工业和国防的"法国原子能总署"时，钱三强论文答辩委员有两人，即伊莱娜和奥热同时被总统戴高乐（兼任原子能委员会主席）任命为专员，而这个委员会只设三名专员，伊莱娜负责委员会核化学方面的工作，奥热负责核原料供应。这里，有必要说一下，钱三强的另一位博士论文指导者约里奥，被任命为原子能总署唯一的高级专员，对法国原子核科学技术负总责。

论文答辩会是4月11日进行的。评审委员除了一致确认钱三强博士论文的科学性，还听取伊莱娜本人并代表约里奥对钱三强工作精神的介绍，说他勤奋、热情和具备领悟科学的天分。话虽不多，但由从不恭维人的伊莱娜口中说出来就能显出它的分量。评委自然对这位中国青年更加另眼相看，钱三强的博士论文通过后由法国科学院印制并刊行，还登了本人的照片。

钱三强获得法国理学博士学位时，离他三年公费资助到期时间还有几个月。他想，虽然战争的火药味已经很浓，但从舆论听到的说法，英、法军队对德军作战有绝对优势。既然这样，战争未必能对法国特别是首都巴黎造成直接危险，不妨再工作几个月多学点东西回国。

然而，刚过一个多月即5月21日，德军快速部队已经到达英吉利海峡沿岸，先把英法联军分割开来，开始大举进攻法国，巴黎很快笼罩在战争阴云之下了。

第五章

战乱中的法兰西岁月

为王大珩、彭桓武游欧排险

希特勒军队吞并奥地利（1938年3月）并占领捷克斯洛伐克（1939年3月）后，第二次世界大战的阴霾越来越临近法国。而这个时候，正是钱三强的博士论文工作进行全面总结、计算和撰写报告的紧要关头。1939年4月24日，他先将前一段时间做完的实验，整理出一篇论文概要呈交导师伊莱娜，她审阅后随即推荐给《法国科学院公报》，以简报形式在该刊第208期刊出。

此后，钱三强的工作计划安排得更加紧凑，经常在法兰西学院和巴黎大学两个实验室穿梭做实验计算，很少按时回到大学城宿舍，即便周末和假日也不例外。时有来访者（主要是中国留学生）找不见他，就在房门上贴一个字条，或在宿舍楼传达室留下一封信。除非必须回复的，他一般都是采取来而无往的态度。所有应酬一类的聚会，他一概谢绝。

7月的一天，钱三强突然接到清华同班同学王大珩寄自伦敦的信，信上说他和彭桓武、夏震寰、卢焕章四人已约好，趁暑假到欧洲大陆看看，首站将是巴黎。这是钱三强第一次接到王大珩的信，之前同学时的许多印象从这封信重新记起。他知道王大珩晚自己一年考取赴英庚款，在伦敦帝国学院物理系攻读技术光学；当年王大珩在清华的毕业论文选的也是光谱学方面的课题，由叶企孙指导，后又师从赵忠尧专攻原子核物理；还联想起和王大珩在孔德学校小学部同学两年的朦胧印象，记得这个小个子特别机灵，但不顽皮，不知什么原因后来他转学到了汇文学校，直到清华物理系再同班。

彭桓武虽然是比自己高一年级的清华物理系同学，不像和王大珩那样朝夕相处，知根知底，但彼此并不陌生，有一件事给钱三强留下印象很深：1935年上半年，清华组织学生参加军事训练，钱三强和彭桓武编在一个班。一天夜晚巡逻时，突然天空电闪雷鸣，就在电光刚落、雷声骤起之际，只见彭桓武抬腕看表，眼睛盯着秒表，随口报出了炸雷的准确时间，一同巡逻的同学都对此感到惊讶。彭桓武后来的情况，钱三强大体也了解，知道他清华毕业后考了本校周培源的研究生，用广义相对论的电磁波方程求光强。1938年他也考留英庚款到了爱丁堡大学，在量子力学创始人之一玻恩（M. Born）指导下从事理论物理研究。

几位清华同学在巴黎会面的时候，那情景就像回到了从前，特别是来自爱丁堡的彭桓武，他见了巴黎的太阳就像发疯了似的，仰头望着天空又笑又叫。殊不知，彭桓武这次游欧就是为了见太阳而来的。原来"爱丁堡是终年不见太阳的地方。我因此患了一种怪病——坐到饭桌上便厌食，但不吃又饿。经过与爱丁堡大学有联系的皇家大医院各个部门的详尽检查，最后确定食疗方案，补维生素E"。彭桓武后来有回忆文章言及此次欧洲之行。他这次到欧洲大陆度假，一个重要的目的是出来晒太阳治病。果然见效，"到暑假，我约王大珩等清华校友做欧洲大陆之行，见见阳光，这才根治了这怪病"。

除了巴黎，彭桓武、王大珩他们还计划去德国，已经写信通知了在柏林的何泽慧。他们动员钱三强一起去。钱三强很想同往，除了旅游休闲的因素，也有意去柏林看看清华分手后三年未见面的何泽慧。但是冷静下来一想，马上打消了念头。他觉得自己手头有实验正在做，不好突然停下；此外还有一个原因，从种种迹象看，好像战争已处在一触即发之际，一旦德国对英法开战，首先是交通全线断绝，如果都阻隔在柏林，个人学业中断不说，甚至还会发生难以预料的不安全后果。于是他决定留在巴黎做联络，一有紧急情况，随时通知何泽慧转告王大珩和彭桓武他们，立即返回。

8月24日凌晨，德国和苏联出乎人们意料，签订了《互不侵犯条约》和《秘密补充协定书》。消息一公布，在法国就像炸开了锅，巴黎的大报小报无一例外地都惊呼战争即在眼前。可是在德国的感觉却完全不同，人们反而为战争松了口气。正是在"战争一时打不起来"的思想影响之下，王大珩、彭桓武满想放下心来在柏林再玩几天。就在这时，没想到钱三强的电报到了柏林，何泽慧拿着电报一念，电文只有四个字：见电速回。

王大珩和彭桓武在不是很理解的情况下，还是按照钱三强的四个字做了。等到他们坐上火车才发觉情况异常，全路各站都人山人海，拥挤不堪——原来他们乘坐的是大战前最后一趟直达伦敦的火车。不论时光过去多久，彭桓武和王大珩始终没有忘记这次历险旅游，没有忘记钱三强及时发给的那份紧急排险电报。

异国逃难

战争形势一天比一天恶化，其速度之快正如钱三强后来在自传里形容的，发生"闪电般的变化"。

这种变化，是法国人及欧洲其他国家的人都没有想到的。因为法国当局和英国、美国共同奉行绥靖政策，默认希特勒占领一些小国，企图用既得利益来打消他的扩张野心。但事与愿违，被占领的小国奥地利和捷克斯洛伐克，不久便成了希特勒的两块跳板，从这里长驱直入，开始了更大范围的扩张。

1940年4月9日，德军先从西线发动进攻，只用4个小时就占领了丹麦,两个月后占领挪威;接着,几天之内又先后占领了卢森堡、比利时、荷兰。这样,花了几年时间建成的马其诺防线,完全失去了作用,英国远征军不得不溃退到英伦三岛。

6月开始,希特勒集中148个师的兵力和数千架飞机,还有大量坦克,首先从法国北部的阿布维尔到莱茵河上游发动进攻。而这时候,法国的精锐部队在比利时战场几乎消耗已尽,能够同德军作战的兵力,满打满算也只有五六个师,既众寡悬殊,又缺乏斗志,德军所到之处就像无遮拦的洪水迅猛涌来。

转眼间,巴黎全城已是一片慌乱景象:街头到处是德国飞机撒的传单,大楼的玻璃门窗,有的用油漆漆成蓝色或黑色,有的贴上了胶布条;在车站,拥满慌忙疏散的人群,最让人心底生疼的是那成群成队的小学生,他们身上个个都缝着自己的名字和去往目的地的标签……

茫然中的钱三强先来到居里实验室,希望能问到些情况。当他一见到意大利籍同事庞德科沃(原是费米的学生),对方很惊讶,问钱三强为什么还没有走,说全所的人都走了。他提醒钱三强赶紧往南方逃,不然让德国人抓住会派去挖壕沟的。

钱三强急忙带些简单行李用物,骑辆自行车跟随逃难的人群,毫无目的地向南方行进。一路上,多次遇到德国飞机轰炸,每当飞机出现,钱三强和难民便一哄而散,四处躲避;等飞机飞走了,人群又自动会合到一起,继续南逃。

逃出巴黎后的一个晚上,钱三强和许多人摸黑走进一所大房子,里边空空的,正好都能找到睡觉的地方。天刚一亮,有人发现这房子是一处刚撤空的军营,怕成为飞机轰炸的目标,大家又匆忙跑出来。带的干粮吃光了,没有力气走路,他和一些难民跑到地里拔胡萝卜充饥解渴;实在没有办法了,有时到村镇上没逃走的人家里去乞讨……

走了几天,听难民说到了奥丽阳大桥,这是法国南方和北方的一处分界线,以为过了桥进入南方就安全了。没想到守桥的法国士兵把钱三强当成日本人,枪口指着他不让过桥。就在这时,碰巧又来了一个中国人,名叫张德禄,比钱三强大十几岁。他18岁那年就到法国留学,学应用物理,已经在法国的军工部门找到工作了。张德禄这次奉命南下,带着过硬的有效证件,还有两个法国工人跟随他。钱三强得到张德禄的帮助,证明不是日本人身份,才一起过了桥,并同他们结伴而行。

一天夜里,钱三强和张德禄等睡在一间堆着麦草的房子里,忽然远处传来坦克的隆隆声,心想一定是法国军队开赴前线作战吧。可是等近了一看,每辆坦克上都有刺眼的卍字旗,原来德国军队已经跑到难民前面了,用坦克挡住南逃的去路,一个劲地喝令难民往回撤。又饿又累的钱三强,实在没有力气再走路了,只好和难民挤上一列没有座位的筒子火车折回巴黎,结束了十几天的战乱大逃亡。

这段经历在钱三强的记忆中是难以忘却的,因为那是接近死亡的经历。他1953年的《自传》也写到了这次逃难,尽管这时离他异域逃难的日子,已经过去整整13年,而他留下的那段没有故事、没有掩饰的文字,依然深深触及了战争带给人的恐怖和凄楚："我的论文刚通过不到两个月，德国占领了法国，为了不替德国军队挖壕沟，我曾与法国人民一起徒步逃难十余日，最后还是被德军追上被迫回了巴黎。一路上饱受饥饿与轰炸的滋味，思想上对人生起了一些轻视的看法，觉得死是那么容易……"

当钱三强灰头土脸拖着疲惫的身子走出巴黎火车站时，看到满街走的是德国士兵，跑的是德国汽车，巴黎变成了德国城市，连凯旋门和埃菲尔铁塔上都飘起了卍字旗。他这才知道，德军已在6月14日占领了巴黎。

难忘的恩师情谊

钱三强1953年在《自传》里形容说他逃难回到巴黎后的处境，生活一天天苦下去，到8月中法教育基金会的公费就断了。回国不能成行，留下来又没有生计，甚至连吃饭也成了问题。

转机发生在断了公费后的1940年8月。钱三强记得，"有一天，我在巴黎一条小路上散步沉思，突然抬头看见约里奥先生正向我走来。我立刻吃了一惊，因为我没有想到他也没有走，竟然留在了沦陷的巴黎"。师生战乱中意外重逢，倍觉亲切，两人找一个僻静咖啡店畅叙了别后经历。

约里奥很同情钱三强诉说的处境，他丝毫没有犹豫地表示欢迎钱三强回到他的实验室工作，说的话让钱三强感念至深。约里奥当时说："到实验室来吧。只要实验室还开着，我们还能工作，就总能设法给你安排。只要我们有饭吃，你就有饭吃。"

钱三强从这次谈话中知道，德国派在巴黎的机构中有几位物理学家了解约里奥的实验室，有的还曾经在约里奥指导下做过研究工作，所以他的实验室没有遭到破坏，德军派士兵把守，不准任何人员进入。他们的头目——德国自然科学部主任夏尔·莫兰出面给约里奥写信，请他回研究室继续进行科学研究。

为了政治和军事的需要，德国人表面上对约里奥·居里夫妇另眼相待。双方达成协议：法兰西学院在建的回旋加速器加紧建完，约里奥的实验室接受4名德国研究人员工作，而约里奥则得到德国人出具的一份书面保证——他仍是实验室唯一的主任；实验室只进行基本的、非军事性的研究；任何时间里所进行的任何工作，都要向他报告，都要归他指挥。

德国人这样"宽待"约里奥·居里夫妇，其实所看重的是在建的回旋加速器和约里奥掌握的核裂变工作，这是德国人企图抢先研制原子武器最为眼馋的。

事情果然不出所料，8月13日，德军的一位将军埃里希·舒曼（柏林大学军事物理学家，著名作曲家舒曼的后裔）正式约见约里奥，地点在约里奥的实验室。刚刚重回实验室的钱三强和其他工作人员先被召集在一起听舒曼讲话，当时的情形，有位英国传记作家是这样记述的："舒曼将军以最令人作呕的措辞说，他十分赞赏约里奥所进行的伟大的工作，他希望他们为了科学保证共同前进，并希望每个人都愿意有一个富有成果的合作时期。然后德国人到了约里奥的私室。气氛大大地变了：德国人粗暴、露骨、蛮横。"

舒曼到约里奥私室后的谈话，实验室的其他人都不在场，谈话时只有三个人：约里奥、舒曼和德国翻译根特纳。这次私密谈话，根据后来公开的记录，就好像是一次对嫌犯的审讯：

"重水哪里去了？"舒曼开口就质问。

约里奥："在波尔多装到一艘英国船上去了。"

"你的铀哪里去了？"

约里奥："军备部收走了。"

"送到什么地方去了？"

"我不知道。没有告诉我送去的地方。"

"你是说你不知道铀被送到哪里去了吗？"

"是的。"

"可是，别人不知道，你肯定知道。"

约里奥："我不知道。"

"你的回旋加速器的情况怎么样？"

约里奥："正在安装中。"

"你估计什么时候可以完成？"

约里奥："到时候就能完成。"

好在舒曼的翻译根特纳是约里奥的熟人，他曾在约里奥的实验室工作过两三年，并且彼此信任，一直保持友谊，但在舒曼面前，他们装作互不相识。谈话结束后，根特纳故意走在后头，他暗示与约里奥单独见面。

当天晚上，约里奥和根特纳在圣米歇尔一家小餐馆私下会面。知道海德堡大学物理学家波特将名义上负责这里的工作，实际上由根特纳进驻法兰西学院，作为派驻实验室的监督，领导一个小组加快回旋加速器的安装调试，他对此感到很为难。约里奥感激根特纳的谈话，并且说："你能来到巴黎，这对我太好了。我们需要你的帮助。"根特纳没有受到希特勒的影响，他诚实地作出表示："我不是有权力的人，但是为了科学和人类，我将尽一切努力帮助你。"

接着，斗争在安装回旋加速器上首先开始了。约里奥秘密布置参加安装的法国人，要用机智不让德国人达到目的——大家心里都清楚，回旋加速器是用来研究铀的，德国人要加紧安装它的目的也在此。德方负责在回旋加速器上做安装调试的，是一个名叫莫勒的物理学家，和他一起在操纵台工作的法国机械师叫台尔曼。每次调试开始，台尔曼就找借口回到他的工作间去，他顺道把冷却系统某个水龙头关掉。不出几分钟，莫勒便急忙给台尔曼打电话："快来呀！机器出毛病了！"于是就把所有开关都关掉停机检查，结果发现绝缘体被烧坏了。这类的"事故"发生过好多次，而德国人一直被蒙在鼓里。

钱三强没有参加回旋加速器的工作，他在楼上实验室做他的课题——用不同方法研究天然放射性物质释放的 γ 射线的强度和能量。每当约里奥上楼来讲起在楼下底层发生的事情，他们都忍不住笑出声来。实验室短时间又回到了从前的气氛。

更为庆幸的是，钱三强从1940年10月起获得了"居里-卡内基奖学金"，不仅吃饭不成问题了，而且享有独立进行科学研究的机会，同时这还是一种荣誉。这个奖学金是老居里夫人1907年得到美国慈善家安德鲁·卡内基一笔捐赠款而创立的，她亲立宗旨为："使一些成绩斐然的学生和科学家和使那些有志于研究和有研究才能的学者不会中断研究，从而完成他们的志愿。"奖学金的时下主持者伊莱娜·居里，认为钱三强符合这个宗旨。

心照不宣的秘密

1940年冬季开始，实验室外面的斗争形势越来越严峻。法国各界的抵抗运动也同时活跃起来。而纳粹德国则以搜捕犹太人的名义疯狂镇压抵抗者，遭到逮捕、拷打或杀害的事件屡屡发生。而且更加可怕的是，盖世太保不择手段在知识界策反一些有野心、贪私利的内部叛变者为他们效忠，破坏抵抗运动，大家称这种人为"法奸"。

由于居里家族的名声和影响，德国人表面上给约里奥·居里夫妇所谓"自由"，但实际上他们时时被暗中监视，他们的实验室里同样也是这种处境。一天，约里奥的实验室里突然闯进几个德国人，指名道姓要他交出一个在这里工作的犹太人。其实，这个人在巴黎沦陷前已经逃到英国去了，只是他有一个妹妹当时没有带走，留在约里奥的实验室做杂工，后来料到风声紧张，由伊莱娜把她藏到居里实验室一个不易察觉的地方。这件事钱三强知道，他与那位去了英国的犹太同事很熟悉，和那个善良的犹太姑娘有过工作接触,很同情她整天提心吊胆的处境。

闯进实验室的德国人气势汹汹地逼问钱三强:"犹太人藏在哪里?"钱三强从容地回答:"早已逃到英国去了,其他什么也不知道。"德国人得到的都是同样的回答,实在找不出破绽,只好离去。第二天,那个犹太姑娘被伊莱娜派人秘密送到乡下当挤奶工去了。

德军投降后,实验室传开了钱三强保护犹太人的故事,故事传到了巴黎的中国人员中。事情一经传播,难免有些走样。当时在巴斯德实验室工作的中共旅法支部成员孟雨,1950年1月在一份向组织提交的材料中,还讲到钱三强这段故事。他是这样写的:"钱三强为人刚毅忠实,他到法国居里实验室研究原子能问题,多年来与之相知甚深,过往极多,他不但在原子能物理上已有了贡献,即在祖国的抗日战争中,巴黎的沦陷中及胜利后,均曾表现他对于反暴反帝反独裁的斗争精神。巴黎沦陷后他不顾危险藏匿了一名被德军追捕的抗德的犹太同事(亦是约里奥的学生),直至巴黎解放后为止。"

在恶劣形势下,约里奥开始转入有组织的秘密抵抗活动,并在1941年5月和12月,先后担任法国全国阵线主席和全国大学阵线主席,领导法国知识界的反法西斯斗争,因而德国人开始暗中紧紧盯住他。6月29日,约里奥突然被德军逮捕,列了他三条罪名,一说他是共产国际的成员,二说他登记参加了第三国际,三说他是共产党内一个有影响的共产党员。在约里奥镇定自若的反驳下,条条都查无实据。他很快被释放了,但从此不允许他离开巴黎占领区。

谁都知道,在那时的恐怖环境里,要做一个"共产党员"等于自找死路。可是约里奥在1942年硬是这样做了,他为了法国的解放和自由,就是准备面对死亡。他是这样宣誓自己入党动机的:"我之所以成为一个共产党员,是因为我是一个爱国者。"

很凑巧的是,约里奥秘密入党的材料和他准备万一时使用的假证件,一段时间就藏在法兰西学院的实验室里,这间实验室同时也是钱三强的工作室。有一天,钱三强因做实验需要,在一个放杂物的柜子里寻找一截电线,偶然中顺着电线扯出一个扁扁的纸包,打开一看,他不由自主地神经立刻紧张了起来,原来里面是约里奥的入党材料和化名电器工程师的假护照。钱三强当然清楚这些材料的严重性,万一落到德国特工或者法奸手里,老师必遭杀身之祸。想一想后,他不打算冒失惊扰约里奥,而是小心翼翼地把材料放回原处,并且在杂物柜内做了一番巧妙伪装,使外人更不容易发现它。同时,他有意加强了暗中保护,警惕外人进到实验室。

过了几天,钱三强再查看杂物柜时,发现纸包不见了,而约里奥安然无恙,他这才放下了心。

对于这件事,钱三强和约里奥心照不宣,但他们都守口如瓶,直到事过十多年后的1952年他们才言明这件秘密。这年3月底,时任世界和平理事会主席的约里奥·居里,在挪威首都奥斯陆主持召开世界和平理事会执行委员会特别会议,钱三强作为中国代表团成员陪同郭沫若团长出席会议,其间和约里奥有过多次谈话，两人交谈很亲切。在谈到领导建立新中国的共产党时，钱三强便提起了当年在实验室里见过约里奥秘密加入法共的材料（约里奥的法共党员身份已于1948年公开），约里奥接下话说："我知道这一点。你还帮我把材料藏得更难找了。"钱三强听后一愣，对约里奥的细心感到惊异。约里奥接着说："在我取走材料时，发现这一切，我想准是你干的。"说完两人会心一笑。

滞留里昂，偶开乳胶研究之先

巴黎的政治环境日益恶劣，生活条件也非常艰苦。钱三强每月得到配给的食品不够吃，有时只好用配售的酒和烟去跟别人换面包和咸肉充饥。但即使这样，他这段时间的科学研究工作，仍然坚持正常进行，并且时有文章发表。

1941年冬，德国占领者为了完全实现巴黎的殖民化，要各个国家驻法国的外交机构撤离占领区巴黎，迁往贝当傀儡政府所在地维希。随后，钱三强接到中国驻法使馆通知，如自愿可以随同南迁，也可以继续留在巴黎。

一天，逃难途中相遇的张德禄告诉钱三强一个消息，说马赛与远东的海上航线并未完全中断，有时能买到去香港或上海的船票。这个新情况勾起了钱三强的回国念头："我在沦陷后的巴黎，度过了1940年和1941年。虽然在科学工作上又有了不少长进，但心中总是很不安，一直思念着自己的祖国。这时听到有回国的可能性，我就决定回国。"

钱三强把自己的想法告诉了约里奥·居里夫妇，两位老师认为眼下他们实验室的研究条件已今非昔比，目前要做出很有意义的工作有困难；再从安全角度考虑，他们支持所有外国学者暂时离开。细心周到的伊莱娜特意写了书面文件交给钱三强，对他4年来的成绩和研究能力做出评价，称他"在几年研究工作中，不但表现出是一个很有才华的实验工作者，而且有很高的科学素养，这使他能够在与同行进行讨论时富有成效。……他同时拥有物理学家和化学家的能力，这点对这门科学来讲是绝对必要的"。她写这份文件的时间是1941年11月8日。

11月底，钱三强和张德禄离开巴黎。

在去马赛候船途中，一路上听到消息，太平洋近时绝无战事发生。理由是，英、美制订了援苏抗德计划，在大西洋呈进攻之势；而在太平洋则采取守势战略，不仅不打日本，美国还同日本缔结了《美日谅解方案》，公然承认伪满洲国，并允许日本可以用和平方式取得南太平洋地区的资源等。因此人们以为，日本人的野心得到了满足，会相安无事，太平洋上就打不起仗来。

这样，钱三强和张德禄不打算急于赶往马赛，想在里昂小住数日，顺便领略这座中世纪古城的风貌。没想到事情发生得非常突然，连美国人也被诡诈的日本人搞得措手不及，眼看着他们的太平洋舰队基地遭到袭击，造成重创。钱三强的回国计划发生了他在《自传》里说的情况："刚到里昂不久，即得到日

第五章　战乱中的法兰西岁月　　59

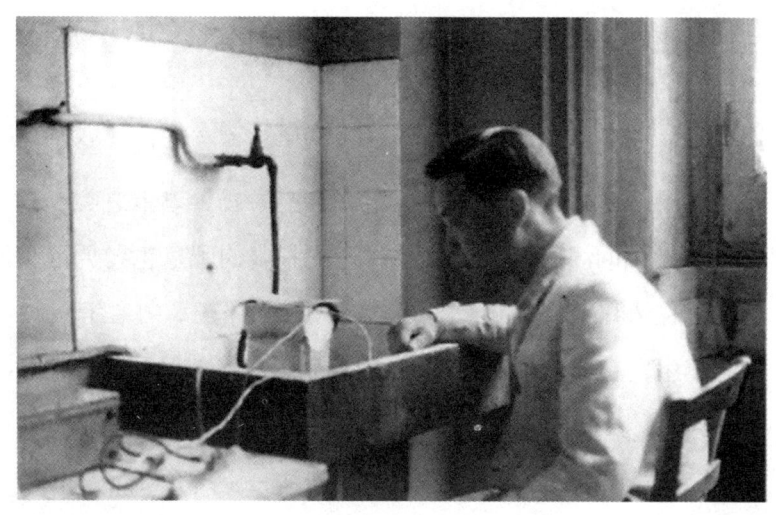

钱三强在里昂大学物理实验室做重水分离实验

美开战消息，一切与远东的海上交通工具都断绝了。不得已，我只好留住在里昂一年。"

里昂那时虽属"自由区"，相对于占领区的巴黎恐怖气氛没有了，但它和占领区之间视为法德国境，从里昂去巴黎算进入德国，必须由占领当局发放入境签证。这就使得钱三强处于既无法前行又不能回返的境地。

一天张德禄来告诉钱三强，说往北美的轮船尚能通行，他准备去美国找工作，问钱三强有没有改去美国的想法。钱三强没有这样的思想准备，离开巴黎只是想回国，他表示再等一段时间，没有和张德禄前往美国。

钱三强借住在里昂中法大学宿舍一段时间过后，许多实际问题出现了，用他自己的话说，当时的境况真是快要到囊中羞涩的地步，连学生食堂的饭也吃不起了。里昂和巴黎一样，生活费用奇贵，在学生食堂吃一餐最廉价的饭，至少要花二三十法郎，还只是七八成饱，至于牛奶、鸡蛋之类，是他根本不敢问津的高档奢侈品；连洗衣服的肥皂也要凭证供给，暂住人口又不发证，许多日常用品买不着，好在有几位中国学生发起"募捐"，才勉强有肥皂洗衣服，但要精打细算着用。

依靠救济和施舍过日子的那种滋味，更让钱三强苦不堪言，他在《自传》中说："在里昂生活更苦起来，借住的中法大学宿舍中的同学们，也因吃不饱，对于外来生客有时有些不痛快，这样使我更增加了孤僻感。"他想尽快改变困境。

1942年初，钱三强通过毛遂自荐，开始在里昂大学物理研究所一边做些临时性的研究工作，一边到图书馆读些早就想读的有关量子力学方面的著作，这对他后来的科学工作产生了重要作用。他说，通过自学量子力学，了解了理论物理的重要性，思想进一步开阔了。

里昂大学有位比利时籍物理学教授莫朗（M. Morand），一天找到钱三强，"他问我有没有放射性物质带出来，我说只有很少一点。他就让我带一个大学生做毕业论文，并帮助我申请国家研究中心的经费"。莫朗的邀请如同雪中送炭，不仅有了工作可做，不虚度时光，更实际的一点是帮助解决了滞留里昂的生计问题，所以，钱三强没有提出任何条件就答应了。但是能做的实验很有限，制作云雾室、电离室、计数管、磁谱仪等条件都不具备。后来了解到，里昂正好有一家生产照相底片的工厂，他于是弄来一些片子，用从巴黎带出来的一点钋的α源，研究α粒子在照相胶片上的感光作用。结果有了意外收获："钋的α粒子能够在照相底版上留下八九个黑点，有点像云雾室中的粒子径迹。用不同品种的片子来实验，发现含银量不一样，黑点的大小和数目也不一样。再有，改变底版的处理方法或条件，也可以改变点子的粗细程度。我在里昂物理学会报告了这一结果，照相版工厂的人也来参加听讲。当时世界上其他国家也有人进行类似的实验，水平都差不多。没有想到，我在里昂的这段工作，后来在原子核乳胶工作中起了作用。"

钱三强的实验报告《用照相乳胶记录带电粒子》，在1943年6月法国《物理学手册》上发表。当1945年英国鲍威尔（C.F.Powell）教授发明核乳胶技术时，伊莱娜决定派钱三强去学习这种新技术，因为"她想起了我在里昂时期用照相底版记录α粒子的工作，自然而然地认为我是比较合适的人选，就把我派去了。正是由于有以前的工作基础，我很快就学会了"。

钱三强后来成为法国应用核乳胶技术的开创者。

重回占领区巴黎

1942年下半年，随着美国太平洋舰队中途岛重创日本海军，太平洋战争一度出现转机，恢复航行大有希望，这当然只是回国心急的钱三强从善良人们那里获得的信息。殊不知,日本军国主义的狼子野心并不就此收场,战争丝毫没有停止的迹象;加之这时候美、英、苏在对德作战方面各有盘算,战争形势反而益发复杂起来。钱三强这才意识到,近期回国完全没有可能,继续留在里昂大学做研究,又受到条件限制,许多想做的工作无法进行,他想最好的出路是再回到巴黎。

那段时间,从自由区里昂去占领区巴黎并不是件容易的事情,尤其对非法国籍的外国人,必须有占领当局认为合理的证明文件并办理好多手续,这又得全靠两位法国老师的帮助。钱三强1989年对此有这样的记述:"我给约里奥先生写了一封短信,问问情况。当时伊莱娜夫人身体很不好(与其母亲一样,是受

钱三强在瑞士疗养院与伊莱娜·居里郊游登山小憩

了放射性的影响之故），每年冬天都到法国瑞士边境一个疗养区休息养病。她在疗养地（属于'自由区'）写信给我，约我去谈谈。"

同年秋，钱三强从里昂到了莱辛结核病疗养院。这所条件不错的疗养院，是属于瑞士大学管理的，设在瑞法两国边境处。伊莱娜并不是患了一般的传染性结核病，而是因为她年轻时帮助母亲到战争前线救护伤员，大量X射线侵入体内造成多种慢性病病变，近时由于巴黎被占领心情不好，病情显著加重，连走路和呼吸也发生困难。

钱三强到来的时候，伊莱娜的情况已经大有好转，食欲好多了，体重也有所增加。她高兴地向钱三强讲起她在疗养院吃到的好久没有吃过的鲑鱼和食用蜗牛，说味道很美。伊莱娜还介绍说，她准备做一次膈神经外科手术，借助外科手术来促进结核病变的吸收与愈合。当钱三强表示可以在莱辛陪她到做完手术时，伊莱娜谢绝了，说那只是一个小的常规手术。

在谈到钱三强回巴黎工作时，伊莱娜说她和约里奥都很欢迎，只是所有到巴黎工作的人，按占领当局要求必须有合法的"工作证明文件"，才能获得去巴黎的签证。她表示这些都不会有问题，只要有了最后决定，约里奥会在巴黎把一切手续办好，只是需要一些时间。

交谈中伊莱娜讲到，约里奥本人现在的处境实际上是不自由的，他既不能离开占领区，和外界通信也要受到暗中检查，连他们夫妻之间的来往信件也不例外。因此，伊莱娜在外地疗养期间写给约里奥的信，都是通过德国人派在约里奥实验室的根特纳转交的，这样才能躲过检查。

好长时间里，约里奥和伊莱娜，还有根特纳本人，都以为德国主管当局没有察觉他们之间的关系，其实不然，他们并没有逃脱盖世太保的严密监控。就在这之后不久，根特纳突然被调回了德国，甚至和约里奥是不辞而别。

这里插一段巧合的故事。根特纳回到海德堡波特领导的威廉皇家学院核物理研究所工作后，正好和刚从柏林转来这里的何泽慧成了同事，后来何泽慧又从海德堡转到了巴黎居里实验室。20世纪80年代初，时任联邦德国马克斯·普朗克学会副主席的根特纳，一次作为副团长率领马普学会代表团访问中国，在人民大会堂，他一眼认出四十年前在巴黎的同事钱三强和在海德堡的同事何泽慧，他们忆及当年，话题很多。尤其根特纳感到非常意外又惊喜，他的两位不同时不同地的同事，竟然成夫妻了，真像一个传奇故事。

钱三强要回巴黎的消息，在里昂中法大学引起一阵不小的震动。一些"对立面"学生巴不得他快些走，但另一些人，主要是那些对祖国抱有正义观念的中国学生和华侨，则舍不得钱三强离开，认为有他在，同学会方面许多有意义的活动，组织起来增加了无形的推动力和号召力。譬如1942年初，由于钱三强的到来，中法大学同学会联合组织起一个有20多人参加的"救亡歌咏团"，钱三强被邀请担任歌咏团总指挥，在他的带动下，音乐家陈德义出任钢琴伴奏和指导，"他们经过几个月业余练习，在1942年4月举行了一场具有相当规模的演唱会。这场演唱会鼓舞了大家的抗日情绪，增强了众人对未来胜利的信心，还增进了同学和华侨之间的团结"。

这年12月约里奥寄来"证明文件"，钱三强很快从里昂回到巴黎，并且作为法国国家科学研究中心奖学金资助者，"又开始在居里实验室和法兰西学院核化学实验室继续我的研究工作"。

第六章

意外的际会与发现

爱国曾遭讥讽

1943年,钱三强被任为法国国家科学研究中心副研究员,并受约里奥委托在法兰西学院指导两名法国研究生做一项实验,用电离室和线性放大器相连接,测量"原锕"的α能谱的精细结构。此外,他还与人合作,完成另外几项实验。在工作条件比较艰难的情况下,他在1943年发表文章6篇,足见其精神之专注。

可是科学以外的许多事情,譬如说政治,它于钱三强却是另一种情形。

"到了法国，巴黎的中国人的政治情况即是中国国内情况的缩影，在国内由于封锁看不到的消息，在巴黎反而看到了。通过对《祖国抗日情报》及《三民导报》内容的对比，我更清楚地知道'左翼'是抗日爱国的。"这是钱三强《自传》里写他到法国后对中国当时政治的新觉悟，并且旗帜鲜明地表达自己的爱国情怀。当他经过孟雨介绍，结识了代表"左翼"力量的《祖国抗日情报》主编雷子声以后，与之很快成为好朋友，他从心里愿意跟他们来往。一段时间里，《祖国抗日情报》编辑部所在地——巴黎万花楼饭店，成了钱三强时常出入的场所，他一度热情很高，又是捐款，又是兼做义务编辑工作。

然而，政治不都是空对空的，起码要花时间和精力来参加一些活动，这就容易跟时限性、连续性很强的科学研究发生冲突。这样他又不得不做出重新调整，辞去了《祖国抗日情报》编辑一职，但仍与他们常往来。

不知不觉中，钱三强被卷进了政治旋涡。最使他感到不能理解的，是他从小被熏陶起来的爱国热忱和对事物的正义感，受到某些别有用心的人的嘲讽和诋毁，有时甚至是谩骂。他清楚地记得："有人造谣说我是共产党走狗，这些人血口喷人，不合理，与他们在大学城（即巴黎大学宿舍）争辩，最后有一个控制学生会的姓丁的（据说是蓝衣社）拿着一把小刀子想扔我，被人拦住……从那次起，一些怕事的人都不敢同我往来了，我的清高与孤僻也愈加加强了。'共产党骄傲''脾气大不要惹他'等，变成了一般的对我的形容了。"

缺乏政治阅历的一介书生钱三强,自然对许多政治圈内的问题搞不明白,他也不想花时间和精力去弄清楚这些问题,他只是"照常地做研究工作,对国内战况很关心,但因为想到回国服务有期,也不过分忧虑,只是专心于科学工作"。

于是,钱三强埋头于实验室的研究工作,更不跟一般中国人来往,有联系的就剩下孟雨,一切消息都从他那里得到,"从孟雨那里常听到一些勤工俭学的中国青年们的事迹,中国共产党刚组织时候的情况,这些故事使我明确地对中国共产党有了向往的情绪"。

也是这个时候,钱三强托在英国昌司玻璃公司工作的清华同学王大珩帮助,开始订阅伦敦"左翼书籍俱乐部"出版的书籍,其中有一本美国作家埃德加·斯诺写的《红星照耀中国》(即中文版《西行漫记》),是钱三强到法国后读到的最感兴趣的第一本非专业类著作。可以说,他真正了解中国共产党人和他们为之奋斗的主张,就是从阅读斯诺笔下的生动事迹开始的,并且最先认识了《西行漫记》中一位赫赫有名的人物,就是早年参加过香港海员大罢工、时任中央工农民主政府政治保卫局局长邓发将军。

莎士比亚故乡读《论联合政府》

巴黎从希特勒占领下解放后不久,约里奥·居里被任命为法国国家科学研究中心主任,他领导的法兰西学院核化学实验室和伊莱娜领导的居里实验室,很快又恢复了活跃于科学前沿的国际集体声誉。

1945年初夏,当核乳胶技术在英国刚露出苗头,已是法国国家科研中心研究员的钱三强,被伊莱娜·居里派到英国布列斯托尔大学鲍威尔实验室,去学习新发明的原子核乳胶技术。临行前,孟雨代表旅法支部告诉钱三强,伦敦海员工会将有人要面见他。

一天,钱三强如约去了伦敦海员工会,随后有人领他到一家旅馆,一个四十来岁身着整洁西服的人出来接待他,并首先做了自我介绍。钱三强一听到他的名字,真是如雷贯耳,原来眼前这位文质彬彬的人,就是斯诺笔下那个极有传奇色彩的邓发。

邓发的言谈举止,钱三强越看越不像一位武将。邓发告诉钱三强:我是陪同董必武同志出席旧金山的联合国制宪会议后,途经伦敦暂留一些时间,在这里与钱博士会面,很高兴。

交谈中邓发问道:"听说,你的法国老师约里奥·居里是法共党员?"

"他是在希特勒对共产党实行大搜捕大屠杀的时候秘密加入的,至今还没有公开共产党员身份。他还是巴黎公社社员的儿子。"钱三强以实相告。

邓发介绍了延安和全国的革命形势,钱三强介绍了德军占领下的法国科学界,特别是约里奥领导进行的英勇斗争。让钱三强感到意外的是,邓发也问了他为什么不以老师为榜样参加中国共产党。钱三强没有细说,因为这件事几句话说不清楚。

和邓发初识,犹如故友相逢。临别时,邓发送给钱三强一份延安出版的《解放日报》剪报,上面刊载的是毛泽东作的报告《论联合政府》,邓发对钱三强说:有时间读一读,有什么问题可以跟旅法支部联系。邓发还谈了一些情况:"二战"结束,日本帝国主义投降,天下并不是一切太平了,中国的政治局面非常严峻,还存在两种可能性、两个发展前途。国际政治关系也很复杂,并且同中国的前途命运紧相联系。所以,毛泽东主席在中国共产党第七次全国代表大会上发表这份报告,提出联合一切可以联合的力量,以和平的方式建立一个新中国。

钱三强这次意外与邓发相见和阅读《论联合政府》以后的体会,如同他高中毕业读了孙中山的《实业计划》一样,满心向往。他在1953年有这样的记述:"在他们那里知道不少的关于解放区的情况,并且看到了毛主席的《论联合政府》的剪报。这是我第一次看到毛主席的著作,使我感到文字内容非常有气魄有远见,并且科学性非常之强,当时我的直觉的反应是'孙中山第二'。在那里我第一次了解到新民主主义革命的性质及中国共产党对联合政府的温和与合理的政策,当时我感觉这样一个合理主张,任何人都不能拒绝接受。邓发同志的气魄与果断,生活的朴素,对于许多事物的分析能力,使我对于中国共产党及他的负责同志的尊敬与爱慕大大地提高,并且可以说是一个新的发现。"

钱三强离开伦敦先去了伯明翰,他要把这个消息告诉在昌司公司工作的王大珩。两人一起到斯特拉福镇参观了莎士比亚的故乡,还划着小船在埃温河上一边阅读《论联合政府》,一边畅谈联合政府建立后的中国未来以及个人应为此做出的准备。

后来在巴黎,钱三强又见到邓发,神秘气氛更浓厚。那是一个晚上,孟雨邀他去参加一个小会,进会场时孟雨说了一句听不懂的话门开了,这是为了安全规定的暗号,说如果不这样的话,那些无孔不入的这个帮那个派的特务们会来捣乱,甚至有被暗算的危险。

小会上先由旅法支部负责人袁葆华做简单介绍后,邓发开始主讲。他说:今天是旅法支部扩大会,有的虽然不是党员,但是我们的同志,是可以信赖的。这时邓发向钱三强亲切地点点头,许多双眼睛也移向了他——钱三强开始明白过来,邓发说的可以信赖的同志是指他,这使他感到既自豪又愧疚。情况如他后来回忆所写的:"(1946年初)他们回国前,邓发同志还热情地同我照相,并且动身前夜向在巴黎的党员谈话,还邀我参加。当时我很受感动,觉得很惭愧,因为舍不得放弃科学研究而不能同吴新谋同志一同入党。我还记得他说:'我们与蒋介石在抗日立场上是联合的,但是他反复不定,将来可能与我们发生严重的斗争,因此同志们不要过分暴露,尤其是最近将要回国的同志。'邓发同志给我的印象与教育非常之深,我思想的进步和转变与他很有关系。"

充当"李逵式的人物"

国内形势发展果不出毛泽东和邓发所言。在巴黎明显感觉到的是,1946年2月10日重庆发生"校场口事件"后,内战的风头便开始起来了。

巴黎《华侨时报》报道了这次事件的始末。校场口事件震惊了全中国,也使在法国的中国留学生和华侨受到极大震动,并且以此形成的国共对立之势,在巴黎也是立见分明。

随着1946年6月蒋介石发动全面内战,同年7月7日,中共旅法支部决定召开华侨和留学生和平促进会成立大会,并借以声援国内和平,支持政协会议决议,反对独裁,反对内战。已在巴黎学术界有了一定影响的钱三强,接受邀请在和平促进会上做发言。一些好朋友闻讯后,为其安全着想,好心劝说他不要去参加和平促进会,以免发生不测。

钱三强问劝他的朋友,参加和平促进会怎么会发生不测?朋友说听到消息,中国大使馆武官处准备组织人抢占会场,可能会出事。钱三强又问:"他们为什么要这样做?"朋友说:"他们说中国红军到了巴黎了。他们还准备了手枪……"

那天,钱三强和孟雨等刚一走进会场,发现情况果然异常。陌生面孔很多,从这些人粗野的举止和不整洁的衣着,可以断定不是实业界的华侨,更不像留学生。原来他们是武官处花钱专门雇来的小商贩和巴黎街头的无业者,说话操着浙江和福建口音。看到他们,钱三强凭直觉判定这些人纯粹是为了要弄钱糊口，未必懂得政治，也不会有什么主张。

突然间，只见有人举着一条"拥护蒋委员长戡乱救国方针"的大标语走上主席台，又有人以"会议主席"身份抢先讲话；台下则有人喊叫："用旅法华侨名义发通电，支持国民政府戡乱！"台上的人呼应："好！举手表决，以多数通过！"

中共旅法支部的人识破了他们企图以多数压倒少数，把"和平促进会"改变为"拥蒋戡乱会"的阴谋，于是立即决定相机行事，想办法把会议搅散。

钱三强心领神会，他灵机一动，扯开嗓子大喊一声："我要发言！"并快步走上主席台，他先说，做事情要符合民愿，接着提议："既然要以旅法华侨名义发通电，我们每个人都要负起责任来。赞成发通电的，都到主席台上来签名。"台下那些进步华侨和旅法支部的人马上响应："对！都站出来签名！"

会场出现的这一突然变故，使阴谋操纵者一时措手不及，小商贩和无业者既不敢上台签自己的名，也不知道应该听谁的，会场顿时乱成了一窝蜂。

就在这时，为了达到搅散会议的目的，钱三强突然冒出一句粗话："要发通电又不敢签名，这是什么样的人呀！这种人是王八蛋！"话音一落，喊声四起："怎么骂人？""谁是王八蛋？""打死他！打死他！"于是，混乱中人们一哄而散。

第二天，巴黎的一些中文报纸，报道了会议被搅散的消息，有的风趣地称那个搅散会议的人为"李逵式的人物"。

多年后，许多亲历者写材料，称赞钱三强的勇敢和机智。

其中孟雨向党组织提交的材料写得很具体:"钱三强同志为人刚毅忠实,……尤其是该年(1946年)7月7日在巴黎召开的旅法华侨和平促进会成立大会上,他与蒋驻法使馆国民党特务头子所率领的浙江侨商400余人携带武器霸占会场的斗争,表现了他的大无畏的精神。他在紊乱的会场上,在特务势力的压迫下,曾正言厉色,不屈不挠的揭破蒋利用美元发动内战,妄图消灭进步力量的美梦,几乎冒着生命的危险。这是事实,这是为吾党在法的同志及在法的进步华侨人所共知的事实。"

第七章

发现铀核三分裂和四分裂

终成科学伴侣

从1943年1月起,钱三强得到了法国国家科学研究中心的奖学金资助,有了固定的经费渠道,他的研究工作开始了一个新阶段,从事的研究课题涉及多个方面。1943年发表研究报告和论文6篇,1944年为4篇,其中比较重要的是关于镭的放射线研究方面。他根据贝特(H. A. Bethe)的高速带电粒子穿过物质阻挡而慢化的理论,用云雾室研究电子径迹末端的弯曲,并通过理论计算,首先求出5万电子伏特以下的中低能电子的"真射程"及其与能量的关系,并由此得出电子射程与能量关系曲线。这一研究成果,既验证了贝特关于带电粒子与物质相互作用的理论,同时也是钱三强理论与实验相联系的一次成功尝试。1944年底,他晋升为法国国家科研中心研究员。

随着希特勒对苏作战屡屡受挫,加以国际红十字会出面干预,自顾不暇的德军对被占领国的控制逐渐放松,开放德国境内与占领地通邮便是一例。尽管对"通邮"有许多严格限制,如来往信件必须接受检查,每次通信的字数不得超过25个单词等,但毕竟有了透气的缝隙。

1943年上半年,钱三强意外收到一封寄自柏林的25个单词的短信,是何泽慧写来的。许多年后,他还记得这封信的内容,大意是说:她与国内的家人已中断音信很久,问我有没有办法与国内通信,希望我能帮她向亲人转达平安消息。钱三强按地址给苏州何家写了信,转告何泽慧在德国安好的消息,7月27日何泽慧终于收到了盼望已久的家书。

就是这封25个单词的短信,打通了清华园别后7年的隔断。后来,又经过来回几次短信交往,到"二战"快结束时,钱三强了解何泽慧的情况更多了。

1945年,何泽慧在海德堡核物理研究所利用磁云室研究锰52的正电子能谱时,从上千张照片中观察到一种近似于S形状的奇特径迹。经过分析,这原来是正负电子的弹性碰撞过程。关于这类过程,虽然印度理论物理学家巴巴(H. J. Bhabha)多年前曾计算过它的可能概率,但在何泽慧之前的实验中,由于无法辨别入射电子碰撞的轨迹和反冲电子的轨迹,因而一直没有人观察到。而何泽慧观察到了，并且记录到大量这类碰撞事例。她测量的结果表明，在总长240米的2774个正电子径迹中（能量处于25至800千电子伏之间，最大强度约在200千电子伏处），有178个碰撞事例，它的能量交换$A \geq 0.1$，与理论计算基本符合；此外，何泽慧还观察到3个正电子湮没的事例，与根据狄拉克正电子理论计算出来的概率也符合得很好。

科学发现的喜悦，何泽慧首先想到与钱三强共同分享。她把观察到的奇特径迹照片和测量结果，寄给正在英国布列斯托尔大学短期工作的钱三强。

钱三强到布列斯托尔，主要是受委派来学习核乳胶技术，同时准备参加英法宇宙线会议。

钱三强在鲍威尔教授那里学习核乳胶技术出乎意料地顺利，约里奥·居里很希望这项新技术在法国迅速开展起来，这使得钱三强成了法国应用核乳胶技术的开创者。

何泽慧从海德堡寄给钱三强的弹性碰撞径迹照片和测量数据，他趁正举行的英法宇宙线会议报告了，受到意外的重视与好评，被英国《自然》杂志报道称为"一项科学珍闻"。

英法宇宙线会议一报告完，钱三强就将会上的热烈反应写信告诉了何泽慧并向她祝贺，何马上回了信，并做出决定要到法国来见面。钱三强记得："我在英国布列斯托尔的时候，收到了泽慧的一封来信，说她要到法国来。"

何泽慧第一次从海德堡到巴黎的情形，同样体现出她的性格特点，做事说做就做，毫不拖泥带水。那是1945年冬，她既

钱三强、何泽慧结婚照

不预先写信或拍电报,到达巴黎后也不张扬,一个人提着箱子突然登了门,把钱三强搞得措手不及。

在巴黎短暂的时间里,钱三强和何泽慧除了一起讨论实验照片和曲线图,参观实验室,还领略了塞纳河上的落日,在埃菲尔铁塔上欣赏了巴黎的夜景。他们两颗本已相通的心,经过巴黎这次"碰撞",已经融合到一起了。

第二年春天,何泽慧才真正离开德国,来到法国。1946年4月8日,他们在中国驻法国大使馆办理了结婚手续。那天,钱三强和何泽慧首先来到代表自己国家的中国大使馆,请求批准他们的婚姻,正式履行了完婚手续。当天晚上,他们按照祖上规矩在王守义的"东方饭店",举办了简朴而隆重的结婚晚宴。

最使婚宴增辉的是,约里奥·居里夫妇两位科学大师双双到场。约里奥先生在婚宴上即席致辞,他笑容可掬地说:"钱三强先生和何泽慧女士,都是做原子物理研究的,相信他们的结

钱三强、何泽慧婚后在巴黎莫东住所前

合,将来一定会在科学事业中开花结果。"他停顿一下,用目光看看伊莱娜夫人,继续说:"正如大家知道的,居里先生和夫人的结合,开了一个先例,我和伊莱娜也受了'传染'。我们感到这种'传染',对科学是非常有利的。"全场不约而同地响起了掌声,大家为约里奥的幽默和居里家族的荣光而鼓掌。

接着,约里奥挽起伊莱娜的手一起走到第一次见面的何泽慧面前,表示良好祝愿,并且说:"现在,我和伊莱娜欢迎你到巴黎来,希望你们两位婚后密切合作,在实验室里做出新的成绩。"

一张情况不明的照片引发兴趣

"二战"结束后,遭受战争之苦的各国科学家,在医治战争创伤的同时，积极恢复研究工作，开始了新的科学竞赛。

在法国，有着深厚传统的约里奥·居里夫妇领导的两个实验室，又重新向世界展现出勃勃生机。在这些实验研究中，钱三强的工作从量到质上都是可以提到的。仅1945年至1946年上半年，他就先后在《法国科学院公报》《物理学与镭学学报》《物理学手册》和美国《物理评论》等刊物上，发表研究论文和实验报告8篇之多。其中具有代表性的，是两篇发表在《物理评论》第69卷上的文章，即《镁α射线的精细结构》和《镭的γ射线》。前文是以钱三强为主与布依西艾（G. Bouissieres）、巴什莱（M. Bachelet）合作完成的，他们用电离室与线性放大器相连接，首次测出镁的α射线的精细结构，它由射程为3.511厘米的主要部分（占80%—85%）和射程为3.23厘米（占8%—10%）、3.20厘米（占8%—10%）两个次要部分组成，并且与电子内转换得到的γ谱线符合得很好。后者是钱三强独自完成的，该文总结了他对镭的放射线系统研究的成果，揭示了镭的γ光谱的多种特征。

代表钱三强更高阶段科学成就的工作，是他从1946年下半年开始的关于重原子核三分裂和四分裂的发现。这项工作，前后历时近两年，发表研究文章十几篇。

1946年夏，钱三强偕新婚的何泽慧出席英国皇家学会举办的纪念牛顿诞辰300周年庆祝会，接着参加剑桥国际基本粒子与低温会议。何泽慧向会议提交了她在海德堡做的正负电子弹性碰撞的报告，为了表示对科学的共同追求，她请钱三强再次代

第七章 发现铀核三分裂和四分裂 81

钱三强、何泽慧在英国剑桥

为宣读。大家看了钱三强投影的照片并听了他的介绍，对所记录的正电子与负电子相遇而不湮没的现象，都感到惊奇。

在同一次会议上，英国卡文迪许实验室费瑟教授指导的两名青年学者报告了他们用核乳胶研究原子核裂变的实验，投影了裂变碎片（即二分裂）在乳胶里留下的径迹照片，清楚地看到裂变的两个碎片方向相反，径迹呈现一条直线，中间部分比较黑而浓密，两个末端的银颗粒则比较稀疏。在他们投影的许多照片中，偶尔出现了一个三叉形状的径迹，报告人未做解释，只是随口一说，照片上那条射程较长的径迹（即第三条径迹）是 α 粒子，与裂变无关。对此与会者也未引起注意。

但是，有心人钱三强对那个偶尔出现的三叉形径迹，却发生了浓厚兴趣。他1989年回顾当初对这种现象感兴趣的原因时说："为什么我当时对它特别感兴趣呢？原来，这时已是1946年，

部分中国物理学家出席英国剑桥会议合影。左起：胡济民、梅镇岳、胡宁、彭桓武、周培源、何泽慧、钱三强、吴大猷

一年前，由于广岛和长崎两颗原子弹的爆炸，整个世界都被核武器巨大的杀伤力震惊了。而原子弹的基本原理，就是利用了重原子核的裂变反应。裂变已成为影响人类前途的重大问题了。可是，裂变的物理过程，尽管经过许多人的研究，当时还有许许多多不清楚的地方。自然而然，人们对于有关原子核裂变的一切，都是十分重视的。我自己早在1939年，就参与了裂变的研究。所以，看到这张照片，萌发出想对它进行深入研究的兴趣，是不奇怪的。"

从剑桥回到巴黎，钱三强立刻布置两名法国助手R. 沙士戴勒和L. 微聂隆开始做裂变实验，稍后何泽慧也参加到这个研究小组中。实验中，钱三强决定采用原子核乳胶做探测器，而不用云雾室，他的理由是，因为这种事例一定是很少出现的，估计要在大量的裂变径迹中去捕捉，而云雾室只有在它膨胀的一刹那才是敏感的，每次膨胀的灵敏时间还不到1秒钟，一次实验下来，只能记录到很少的裂变径迹；改用原子核乳胶，情况就会大不一样，它是一直灵敏的，可以把铀夹进去，"曝光"的时间很长，在很小的体积内能够积累到许多裂变径迹，这样才有机会捕捉到各种稀少出现的事例。

不仅如此，为了观测分析时易于区别出裂变的原子核径迹和α粒子径迹，钱三强还想出一个巧主意，把乳胶片先用硝酸铀酰溶液浸泡一下，使其达到理想的减敏程度，经过这样处理，当裂变碎片和α粒子两种径迹出现时，就能减少互相干扰，使它们以不同的颗粒密度显现出来。

做这类科学实验，既要求想得周全、工作细致，同时也要承受得住艰辛："做这种观测工作是很辛苦的。长时间集中注意力于镜下观察，不但眼睛很累，引起头痛，而且由于身体固定在一种姿势下，时间长了，周身都会感到疲劳不堪。这确实是一种需要毅力的工作。在暗淡的视野里，搜索那些令人捉摸不定的径迹，没有足够的恒心和耐心，没有敏锐而细致的观察力，是不行的。"

发表第一篇三分裂论文

钱三强领导研究小组经过几个星期的连续实验，除了观察到大量的二分裂径迹，也找到一些三叉形径迹，是当时许多实验室获得三叉形径迹事例最多的。钱三强在与何泽慧首次合作实验中，对她的工作态度非常佩服。他说，在寻找三叉形径迹中，两个法国青年耐心不够，找到的较少。泽慧参加之后，由于她的细致和耐心，孜孜以求，所以她找到的最多。仅仅数量多并不说明问题，关键在于弄清楚这些三叉形径迹的性质。钱三强带领研究小组继续探索。进一步的研究，重要的是要借助高倍显微镜，因为核乳胶里的粒子径迹很细微，只有一根头发丝直径的三分之一，没有放大一千倍以上的显微镜是很难观察到的，但那时候这种高倍显微镜属于贵重仪器，即使闻名于世的居里实验室也只有一件，由伊莱娜本人专管专用。起初钱三强有顾忌，不便开口提出借用，怕她为难，犹豫中当他试探性提出后，伊莱娜答应得非常爽快："这没有问题，你可以随时使用。"

钱三强用上高倍显微镜以后，经过对一些三叉形径迹进行精细观测，工作取得了进展。发现大多数情况下，三条径迹处在同一平面上（几何学称为"共面"），其中两条较短而且粗、黑，另一条则细而长，颗粒比较稀疏。由此分析，前两个粒子径迹与通常的裂变碎片差不多，是具有中等质量的原子核，而另一个粒子的质量则比较轻些，如果按照英国学者的观点，把它们解释为 α 粒子，那么这种 α 粒子绝不是天然 α 放射性产生的，因为尽管它们的射程有长有短，但多数都比天然 α 粒子射程长得多，这表明它的能量一定会高于 α 粒子。还有一点钱三

钱三强、何泽慧在法兰西学院用云雾室
设备做三分裂和四分裂实验

强认为也很重要,他分析发现,三条径迹共面有共同的起点,这就不大可能是偶然碰巧了。

于是钱三强意识到,这很可能是一种新的现象,即原子核裂变时一分为三。1946年11月18日,钱三强领导研究小组整理出第一篇关于"三分裂"的实验报告。报告文字很短,法文只有两个页面,但资料充分,附了5例"三分裂"径迹照片及测量数据,初步实验结论认为,原子核裂变可能一分为三。钱三强想到这份实验报告的重要性,会在国际核物理界产生反响,于是他先送请伊莱娜和约里奥看了,他们都认为实验和数据分析是合理的,支持先公开发表。由钱三强、沙士戴勒、何泽慧、微聂隆联名的初步研究报告,用《俘获中子引起的铀的三分裂》为题,发表在12月9日出版的《法国科学院公报》上。

文章发表并不是大功告成。钱三强认为："研究还只是刚刚开始。为了弄清楚究竟是不是真的三分裂，还要进行一系列严格的、更加艰苦的实验和分析。新的问题和新的工作等待着我们去解决。"

了解科学发展历史，寻求理论指导，是新的工作之一。1938年底发现核裂变现象后，1941年，美国的普赖深特根据丹麦物理学家N.玻尔和美国物理学家惠勒1939年提出的液滴模型理论，曾发表短文预言，铀原子核在吸收一个中子之后，获得足够的激发能，从动力学上估计，有可能分裂成3个带电核，释放能量高出二分裂变10—20Mev。但在很长时间里，这一理论预言未引起实验物理学家重视，没有获得实验证实。

由此分析已做的工作，钱三强认识更清楚了。他总结为三个方面：首先，看到的三叉径迹，会不会是二分裂碎片中的一个在极短距离内（径迹起始端点附近），与核乳胶中的一个原子核发生碰撞（打出一个反冲核）而形成的呢？要是那样，就不是什么三分裂，也不是二次发射，而只是由于使用了核乳胶这种工具而引起的假象。第二，尽管从径迹的粗细程度和颗粒密度来看，这些事例的第三条径迹很像是α粒子，但到底是不是，并没有确证。或者，也有可能其中只有一部分是α粒子，另外一些是其他的原子核。换句话说，这些粒子的质量是单一的呢，还是有一个分布（存在一个质量谱）？第三，这些粒子是在裂变过程的哪一个阶段发射出来的？是在两个碎片断开之前、之后，还是断开的同时发射出来的？

发现世界首例"四分裂"

钱三强在结合理论考虑后，又带领研究小组投入到紧张的实验中，他向小组同事强调："正确的答案只能来源于实验。实验是第一位的。"经过共同努力，新的突破在1946年11月发生了。先是钱三强与何泽慧共同观察到一个新的三叉形事例，跟以前的所有二重一轻的径迹特点不同，这个事例的三条径迹都比较粗而且短，看起来明显不同于α粒子，这第三条径迹应该是具有比较重质量的原子核。

紧接着，又发现了一个从未见过的特殊事例，这就是11月22日晚由何泽慧首先观察到的一个四分叉形状的径迹。何泽慧马上叫来钱三强看，他们马上意识到，如果三叉形径迹是三分裂的话，那么这一事例说明还可能存在"四分裂"。

这一意外发现，钱三强第二天就向约里奥·居里夫妇报告了，并且送给他们一张四分裂径迹照片，还在照片上用法文亲笔签名留念：右上方写的是："献给我们的导师约里奥·居里夫妇　钱三强　何泽慧　巴黎　1946年11月23日"；照片下方写的是："俘获一个慢中子引起的铀的四分裂。"这张照片一直珍藏于巴黎居里博物馆。它在中国首次出现，是在2011年清华大学百年校庆期间举办的"巴黎镭学研究所与清华校友展览"上，由法方提供复制件展出。它订正了发现第一例四分裂的准确时间是——1946年11月22日。而此前，这个时间一直成为悬案：钱三强本人著作中，如1989年出版的《重原子核三分裂与四分

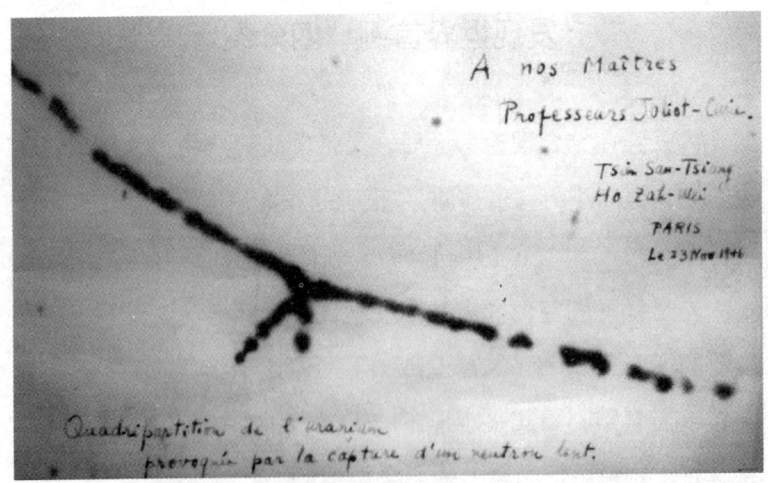

何泽慧观察到的首例四分裂径迹照片,图上法文为钱三强亲笔书写。此照片原件存巴黎居里博物馆

裂的发现》一书中,他写的是,"1946年12月20日,泽慧发现了一个四分叉形状的径迹"。但在此前8天,即1946年12月12日竺可桢在巴黎参观钱三强所在实验室后当天记的日记中写道:"钱三强夫妇近得照片,证明以中子打击铀,可分成四瓣,已由钱太太证明,实为重大发现。"值得一提的是,这张照片经建议被用作2011年5月发行的《中国现代科学家(五)》(4枚)纪念邮票《钱三强》的背景图,这更具有特殊的纪念意义和科学史价值。

"四分裂"的工作,首先由约里奥向法国科学院会议报告,随即正式发表于1946年12月23日《法国科学院公报》第223卷,文章题目《铀四分裂的实验证据》,署名何泽慧在先,后为钱三强、微聂隆、沙士戴勒。文章公布了世界首例四分裂径迹照片和各项测量数据,并得出结论:在铀捕获慢中子导致三分裂的后续研究中,何泽慧发现了一个必须用铀核四分裂才能解释的特殊事例。四分裂是一种很稀有的现象,它出现的概率明显少于二分裂的千分之一,但精明细心的何泽慧首先发现了它。

一周后即1947年1月1日,法国《原子》杂志刊出钱三强讲述四分裂发现经过的文章——《1946年11月22日法兰西学院的一项发现——铀裂变的新方式》:"直到1946年11月22日晚上,何泽慧在一张早前的底片上突然发现一个特殊事例。在显微镜下,她看到了从一个点发射出四条粗线:两条长径迹,两条短径迹。第二天,我观测并确定了这些径迹。经过很长时间的讨论,我们判断这是一个铀的四分裂。四条径迹几乎在同一平面上。"

钱三强、何泽慧等完成研究论文《铀三分裂与四分裂的能量与几率》,发表于1947年1月27日出版的《法国科学院公报》第224卷。这篇文章,根据物理学的质量守恒、能量守恒和动量守恒等基本规律,经过精密计算,首次求出第三个碎片的能量为10—25兆电子伏,概率最大的为18兆电子伏,远比天然放射性α粒子大;三个碎片的动能总和比二分裂时高出好几个电子伏;同时,还计算出三个碎片出现的概率(三分裂和二分裂之比)为1∶300,即万次裂变中约有30次三分裂事例,四分裂出现的概率小于万分之二。

2月13日,钱三强和何泽慧等继而完成又一篇研究报告《铀核的新的裂变过程》,用英文撰写投稿美国《物理评论》(同年

3月15日该刊第71卷刊发此文）。文章对三分裂和四分裂提出了解释：（A）三分裂变——有确切的裂变径迹显示了一种特殊情况，三条径迹从同一共同点发出，通常是两条重迹和一条较轻的长径。基于动量守恒进行的精确分析证明，不可能把它们全部都描述成是裂变碎片在其射程起点与乳胶所含之核的碰撞。看来更合理的结论是：这些都是铀分裂成3个带电碎片的裂变（三分裂变）。（B）四分裂变——除了三分裂变，我们还观测到一些情况，不能作别的理解，只能解释成由于裂变分裂成4个带电碎片（四分裂）。四分裂变观测到的平均动能约110Mev，与玻尔和惠勒估计的符合良好。四分裂变对二分裂变的比率为 0.0003 ± 0.0002。

荣誉与遗憾

1947年3月31日，钱三强独自完成了一篇研究论文《论铀的三分裂的机制》。文章在大量实验测量的基础上，经过分析计算，得出质量、动能和角分布等关键数据，结合理论考虑，令人信服地论证了三分裂这一新的原子核裂变方式。限于当时的实验条件，还存在一些尚不能解释的问题，于是他在文中作了合理预言。正是因为钱三强这篇论文具有的科学性，它一直被视为这个研究领域的经典性文献之一而受到同行重视。

约里奥和伊莱娜自始至终支持钱三强小组的研究工作。当国际上几个知名实验室陆续发表文章排斥"三分裂"解释的时候，1947年春，约里奥在巴黎召开的世界科学工作者协会会议上，亲自宣布了"三分裂"和"四分裂"的发现，他说："这是第二次世界大战以后物理学上一项有意义的工作。它是由两位中国青年科学家和两位法国青年研究人员共同完成的，是国际合作的产物。我们遵循国际科学界的准则和传统，决定立即公开发表它。我们反对某些国家把基本科学研究列入保密范围的做法，反对独占各国都做出贡献的知识成果。"

当时钱三强立刻感受到这一支持的效果，他记得：约里奥头天讲了这番话，第二天就有记者上门采访，报纸上登载了消息，鲍威尔等著名科学家也来信祝贺。从此，三分裂和四分裂的发现，就被各国科学界所知晓。

在英国，钱三强的工作所得到的反响很不相同。布列斯托尔大学鲍威尔教授在约里奥宣布消息后第二天，发来电报向钱三强表示祝贺。电文中有一句近乎玩笑的幽默话，说他"从中分享了反射过来的荣誉"。钱三强一看便明白这句话的意思，就是说发现三分裂和四分裂，使用的是原子核乳胶技术，而这项技术正是钱三强在他那里学得的。鲍威尔的话不完全是幽默语言，他发明的核乳胶技术，经过几年一系列的成功应用，获得了包括三分裂和四分裂在内的许多新发现，使物理学家认识到这项技术是可靠而又实用的，它的地位和作用可以与威尔逊云雾室和盖革计数器相媲美，因而三年后的1950年，鲍威尔因为发明核乳胶技术获得了诺贝尔物理学奖。

英国的另一位权威人物费瑟教授，他接受三分裂的解释，经历了漫长的过程。1969年，在维也纳举行裂变物理和化学国际会议，费瑟老人走上会议讲台做演讲，他在回顾裂变研究的历史时讲到，他愿意放弃22年前所持的一个观点（即认为第三个径迹是α粒子），同意关于三分裂机制的解释。

再说美国，彼时已是核裂变研究的强国，非常关注本领域的一切最新成就。1946年底至1947年春，美国记者，还有美国科学家，不时访问在巴黎的钱三强，了解三分裂的研究情况。后来，钱三强谈起这件往事，明显有一种莫名的遗憾。他在《自传》里说："我与何泽慧发现了铀原子核的三部分裂与四部分裂，当时颇为科学界注意，报纸采访亦甚多，美国记者与科学家也来访问过，但结果只有一家登载。与此相关地，不到三四个月美国连续在物理杂志上登了两三篇文章，谈到同样的现象，但是没有一个人提到我们的工作……"

在法国，钱三强则享受到许多非法国籍学者难得享有的待遇和荣誉。1946年底，法国科学院授予钱三强亨利·德帕维尔物理学奖金，这是法国科学院用以奖励科学领域杰出工作的主要奖项之一，钱三强是获得该项奖励的唯一中国学者；1947年夏，34岁的钱三强升任法国国家科学研究中心研究导师，这是外国学者极少能获得的学术高职。

1985年，已经离开法国37个春秋、年逾古稀的钱三强，又获得一项象征法国国家声誉的褒奖——"法兰西荣誉军团军官勋章"。

第八章

为了原子科学在中国生根

踌躇满志

钱三强的科学成就，在国内学术界更是反响强烈，国内几所高校及相关研究机构纷纷拍电报或写信，邀请他回国执教和做研究。

先是胡适校长邀请他到北京大学，并寄达正式聘任钱三强和何泽慧做北大物理系教授的聘书，还汇了两人的800美元归国路费。不仅如此，胡适又继而到处罗致原子能物理学人才，还设想出一个"关系到国家大计"的计划，"专门研究最新的物理学与实验，以为国家将来国防工业之用"，而钱三强和何泽慧成为他计划中的主要角色。但计划被郑重向时任国民政府国防部长白崇禧和参谋总长陈诚提出后，就没有了下文。

北大之后，又有清华大学连连相邀。周培源与理学院院长叶企孙向校长梅贻琦提交邀聘钱三强的书面报告。经聘任委员会批准，于1946年11月21日由梅贻琦校长先向钱三强发邀请电报，随后寄出正式邀聘文函，汇寄500美元路费。

在此同时，北平研究院、南京中央大学、南京中央研究院也都寄发邀请信函，这使得钱三强一时陷入几个婆家求娶的局面，难以抉择。

经过一番权衡之后，在南京与北平两者之间，钱三强选择

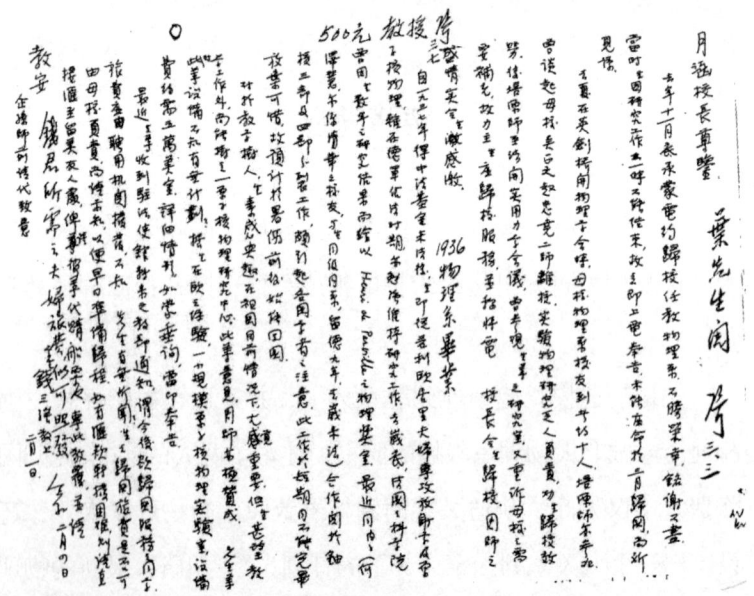

钱三强1947年2月1日复梅贻琦信。原件存清华大学档案馆

了北平。北平求娶的"婆家"中,他选择了清华大学。这除了几位师长的盛情难却和母校情缘之外,还有一个当初不便张扬,实则是他最梦寐以求的愿望得到了满足:清华大学同意钱三强的建议,拨出5万美元建立一个原子物理研究中心。所以钱三强果断决定1948年春回国,尽管这时他和何泽慧的第一个孩子出生刚4个月。

钱三强的回国决定令巴黎的同人好友很意外,中共旅法支部负责人以至更上一级的刘宁一出面劝阻,劝他不要这个时候回国,担心乱局之下在途中和回到国内遭人算计,发生不测。听了钱三强的回国理由后,刘宁一表明态度说:回去后,就在那里埋头教书,什么会也不要参加,只讲科学,不讲政治。国内目前情

钱三强1948年回国前夕同约里奥·居里夫妇在住宅花园合影

形很复杂,谁进步谁落后,你一时闹不清,最好多观察,坚持到新形势的到来。

钱三强的法国导师约里奥,对他这时回国也感觉有些突然:"作为一个科学家,说实话,我不希望你这个时候回到战乱的中国去。你现在回国,不可能立刻顺利做科学工作,时间是宝贵的。如果没有作最后决定,我希望你在巴黎再留些时间,现在正是你科学上的重要时期。"

钱三强动情地向老师表达了自己的心情:"我同样想到了这些,也舍不得离开这里。我的科学生涯,是在您和伊莱娜夫人指导下开始的,我永远不会忘记这一点。但同样,我从来也没有忘记我的祖国,现在我的国家很落后,正需要发展科学技术,

钱三强、何泽慧回国前在巴黎卢森堡公园

我想应该尽早回去为祖国效力。"

约里奥是一位关心政治和通晓国际形势的科学家，他转变口吻说："我个人希望你多留一些时日，但是，我完全能理解你的理由，因为假如我处在你的地位，我也会采取同样的决定。"伊莱娜夫人还送给钱三强两句临别赠言："要为科学服务，科学要为人民服务。"

伊莱娜和约里奥还共同签署了对钱三强10年工作成绩和个人品格的评议书。评议书全文（译文）如下：

> 物理学家钱先生在我们分别领导的实验室——巴黎大学镭学研究所和法兰西学院核化学实验室从事研究工作，时近10年，现将我们对他的良好印象书写如下，以资佐证。
>
> 钱先生在与我们共事期间，证实了他那些早已显露了的研究人员的特殊品格，他的著述目录已经很长，其中有些具有头等的重要性。他对科学事业满腔热情，并且聪慧有创见。我们可以毫不夸张地说，10年期间，在那些到我们实验室并由我们指导工作的同时代人当中，他最为优秀。我们这样说，并非言过其实。在法兰西学院，我们两人曾多次委托他指导多名研究人员，这项艰难的任务，他完成得很出色，从而赢得了法国和外国学生们的尊敬与爱戴。
>
> 我们的国家承认钱先生的才干，曾先后任命他担任国家科学研究中心研究员和研究导师的高职。他曾受到法兰

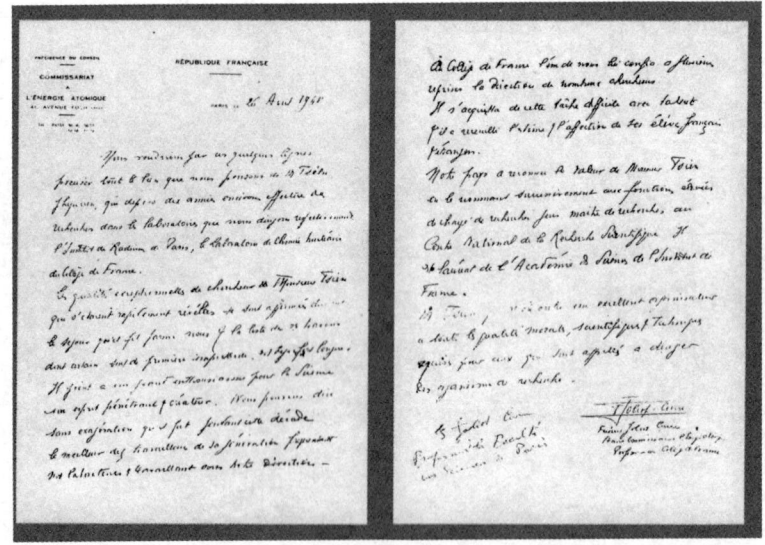

约里奥·居里夫妇书写并共同签署的对钱三强的评语(法文)

西科学院的嘉奖。

钱先生还是一位优秀的组织工作者,在精神、科学与技术方面,他具备研究机构的领导者所应有的各种品德。

梦想破灭

钱三强和何泽慧怀抱襁褓中的女儿,经过108天的海上颠簸,于1948年6月10日回到阔别11年的祖国。接踵而来的却是失望和难以想象的事情:他的10箱行李物品,被海关在上海扣留达两个多月,人回了国却回不了家。清华大学校长梅贻琦等得心急火燎。他一方面(8月3日)派叶企孙飞赴上海当面催促钱

第八章 为了原子科学在中国生根　99

钱三强与何泽慧携长女在回国途中的轮船甲板上　　梅贻琦亲拟的电文

三强北上，另一方面（8月6日）又亲拟电报发至苏州何府催行："苏州十全街151号何宅转钱三强先生，盼早日来校并示行期。"

更令人意想不到的是，钱三强一心向往的清华大学原子物理研究计划，突然间遭遇一道封杀令——美国驻中国大使馆据获悉的情报，开始查询北平计划的"任何相关进展"。这道封杀令，是美国大使馆7月19日发给中央研究院总干事萨本栋的，译文如下：

　　有报告说，北方一组科学家要求中国政府允许在北平建立原子能研究中心。根据美国大使馆得到的情报，一位姓钱的先生将领导所提议的这个研究中心。据报告，钱先生是法国约里奥·居里夫妇以前的学生，他发现了一种产生原子能的方法。我将十分感激您对这一报告所提供的任何情报。

　　如蒙允许，您对这一事件发展为我提供的真实情报和您对任何相关进展的可能性所做出的评论，将受到重视。

　　萨本栋于当天亲拟了一纸密电，发给北平梅贻琦和胡适两

美国大使馆的查询函(英文)及萨本栋写的附言(中文)

位校长；第二天，他又致函梅贻琦称："昨得美国大使来函，询问北方科学家拟请政府在北平创立原子能研究室，并已定由钱三强主办一事。窃以此项宣传，似非其时，曾电请转促注意。至恳赐办。"

面对突如其来的外来干预，梅贻琦起初不甚理解，曾于7月25日写信到南京中央研究院陈述北平计划的必要性；同时，美国大使馆发函后又天天电话不断打到中央研究院，盯得非常之紧。无奈之下，萨本栋冒着泄露秘密的风险，把美国大使馆的查询函照原件复制寄给梅贻琦和胡适，特别在英文函件上亲笔

萨本栋致梅贻琦、胡适密电稿

写了两处"附言",点明问题的关键所在,目的是让梅贻琦和胡适知道底细,以便听从。

萨本栋写给梅贻琦两处附言,一处写的是:"对于此函,数处只用电话告彼'这一煽动性消息已起起落落了很长时间'。来函者对于国内原子研究已多次来院询问究竟,此为第一次之书面询问。此外,尚有其他为外交秘密不便奉告。"另一处附言写道:"月涵夫子:赐函已奉悉。兹将美使馆函抄上,乞望收阅后付丙。适之先生处已另抄送矣。"

附言中有一个关键词,即所谓"外交秘密不便奉告"——从美国大使馆查询函的字里行间,再联系到美国那时间的所谓"安全政策""外交秘密",其所指,直接关系钱三强的法国老师约里奥·居里,因为他的种种背景和言行一直让美国当局伤透脑筋:约里奥既是法共党员,后又发起全世界反对美国制造核武器威胁世界和平。他公开指责美国,致使美国视他为眼中钉,甚至连他在法国原子能总署的高级专员职务,美国都强行迫使法国政府将其撤掉。而钱三强曾是他的学生,由他主持北平原子能研究中心,美国断然不能容许;联系到钱三强的行李被海关扣留近两个月,其实这也是为了封杀北平计划所搞的一个动作。

第九章
看到了希望

在北平迎接新形势到来

1948年8月末钱三强回到北平后,为了欢迎他,沉寂的北平学界一时间活动频频。最隆重的要算北平研究院院长李石曾在怀仁堂举行的纪念该院建院十九周年暨欢迎会。后来有材料说,这个欢迎会是北研院建院以来最为盛大的一次。就在这次欢迎会后(9月10日),北研院正式宣布组建原子学研究所,兼聘钱三强为所长,何泽慧任研究员。

为了工作方便,钱三强在城里城外安了两个家。清华授课备课繁忙时,住在北院七号叶企孙住所,过了不久彭桓武从云

钱三强、何泽慧回国抵北平后和母亲在一起

大到清华任教也同住北院。有一段时间,北院七号成为清华物理系的大本营,每天夜间,这里的灯光总是亮到很晚。他们有时高谈阔论,学术、时事无所不及;有时各自备课寂静无声。1987年钱三强回忆说:"1948年我回国在清华任教,借住在叶先生家中,我才发现他备课非常认真,几乎都是用热力学最近发展方面的例子来做讲课内容的,这点与国外高水平的教授讲学相类似。"

到原子学研究所上班,住的是月牙胡同北平研究院的宿舍,他接来母亲一起住过一段时间,实想给体弱多病的母亲多一些亲情和平静。然而在那时,连这点心愿也难以满足。

1948年12月中旬的一天,一辆汽车开到钱三强家门口,车里走出北平研究院总干事杨光弼，他带着几分紧张神色告诉钱三强："南京政府派来飞机接一批学术教育界知名人士南迁，钱先生的名字列在其中。"杨光弼当即把登机通知交给钱三强。

原来，是年11月底至12月初，南京政府处于风雨飘摇之中，朱家骅、傅斯年、蒋经国等在蒋介石授意下，谋划出一个所谓"平津学术教育界知名人士抢救计划"，拟定了四类，即（一）各院校馆所行政负责人，（二）因政治关系必离者，（三）中央研究院院士，（四）在学术上有贡献并自愿南来者。"抢救人员名单"40余人（连眷属约300人），列为数批，分次乘机。钱三强被列名第四类。

事情虽然来得突兀，但钱三强不去南京这一点，早已拿定主意，眼下对不太知底细的总干事得要说出合乎情理的借口，于是说："家母重病在身，孩子又小，我不能在这个时候离开她们去南方，请能体谅才是。"

"钱先生果真决意不南往，最好先找地方避一避，以免出现意外。"杨光弼好心提醒道。

当即，钱三强向五弟德充做好交代，星夜骑车赶往清华园。到了北院七号，得知叶企孙也接到南往通知，并且同样找了借口拒往。

1948年12月17日海淀获得解放。

1949年1月31日北平和平解放。

解放后的清华大学新领导机构——校务委员会组成，叶企孙任主任委员，周培源、吴晗任副主任委员。随后，叶企孙和周培源一起找到钱三强，要他担起清华物理系主任一职，他欣然接受，并且马不停蹄地开始了工作。白天在清华园，晚上赶回城里陪伴处于弥留之际的母亲，直到2月25日母亲徐婠贞辞世。

2月底的一天，钱三强接到北平文管会张宗麟的开会通知，"会上讨论北平文教界的事，在那里第一次碰到钱俊瑞、沙可夫、吴晗诸同志"。会后，周扬过来对钱三强说："你的情况，党组织都知道，欢迎你和我们一起工作。"

西柏坡第一笔原子科学外汇

1949年3月中旬，北平文管会派人找钱三强，来人名叫丁瓒，早年毕业于中央大学心理学系，曾在蒋管区从事党的科学文化工作，后去芝加哥大学学习一年回国，他通知钱三强准备参加中国人民和平代表团出席世界和平拥护者大会。代表团团长将是郭沫若，这个消息使钱三强感到欣喜，更让钱三强格外惊喜的是大会在巴黎举行，大会主席是约里奥·居里。

作为代表团内唯一的核物理学家，钱三强在想，若能借这次去巴黎托约里奥订购一些急需的仪器设备和图书资料，既便于打破封锁运带回国，又可以买到价格合理的器材设备，正是难得的好机会。可是又一想，此时此刻能拿得出外汇购买科学仪器吗？他抱着成与不成试试看的心理，把想法找丁瓒说了。

"估计要带多少外汇？"丁瓒问。

"这次要买的仪器,是做原子科学研究最急需而旁的国家不可能卖给我们的。"钱三强想了想,他心里最想买的是一台中型回旋加速器的电磁铁,然后说:"总估算约20万美元吧。一下子拿不出那么多,今次带5万美元也成。"

丁瓒一听惊讶得叫出声来:"什么?20万美元!"

钱三强马上向丁瓒解释:"原子核科学研究实验设备,都是很昂贵的,要花大钱的,按将来的需要来说,20万是个小零头。不过可能不符合目前的实际情形,我的想法是先跟你商量,如果觉得不妥当,就不要往上反映了。"

从丁瓒的表情看,觉得事情没有什么希望,但钱三强注意到,丁瓒还是做了谈话记录。

过了些日子,关于带外汇出国买仪器的事没有听到信息,钱三强开始不抱希望了,并且为自己的冒失感到内疚:"我心中忐忑不安。我埋怨自己书生气太重,不识时务,不懂国情。战争还没有停息,刚解放的城市百废待举,农村要生产救灾,国家经济状况何等困难!怎么可能在这种时候拨出外汇购买科学仪器呢!这不是完全脱离实际的非分之想吗?"

领导人从西柏坡进城后第三天,钱三强被召到中南海,出面接待的是中共中央统战部部长李维汉。他对钱三强说:"今天约你来,是商量一下你提的那个建议,中央研究过了,周恩来副主席认为很好。清查了一下现库,还有这个力量,决定支持你的建议。估计20万美元不是一次使用,因此在代表团款项中,先拨出5万美元供你使用。"李维汉特别交代:你是代表团成员，和代表团秘书长刘宁一同志又熟悉，用款时，你们商量着办就是了。

好消息来得太突然了，钱三强顿时心如潮涌，不知道说什么好。

钱三强生前并不知道周恩来是在怎样的情况下批准他带外汇购买科学仪器的。近年出版的《周恩来文选》中，有一份文献披露了这件事。那是3月22日，也就是中共中央机关离开西柏坡的前一天，周恩来签发了《关于参加世界和平拥护者大会的中国科学技术界团体及人员的意见》的电报，回复北平文管会有关问题的请示。电报共批复了八项事项，其中第八项写道："（八）钱三强购买实验设备事，请先调查外汇如何汇去，实验设备如何运回。到之，具体情况待面谈。"

国家发展原子核科学的第一笔外汇，按现在说来数额不大。然而，亲身经历了这一事件的钱三强，却对此刻骨铭心，终生未忘。1990年10月，他在回顾那段特殊经历时，依然记忆清晰：

当我拿到那笔用于发展原子核科学的美元现钞时，喜悦之余，感慨万千。因为这些美元散发出一股霉味，显然是刚从潮湿的库洞中取出来的。不晓得战乱之中它曾有过多少血与火的经历！今天却把它交给了一位普通科学工作

钱三强(右)和约里奥·居里在奥斯陆世界和平理事会执行局特别会议上

者手中。这一事实使我自己都无法想象。

……

由此往前不到半年,就是1948年下半年,也是在这个北京城,我曾经为了适当集中一下国内原子核科学研究力量,几番奔走呼号,可是每回都是扫兴而返。

……

几经碰壁,希望成为泡影。我苦思着,辗转反侧,夜不能寐。一个多世纪以来,中华民族落后挨打,遭蹂躏,受侵略,能够简单归咎于经济贫困,没有能力发展事业吗?能够说是中国缺乏仁人志士和中国人智力低下吗?自然不是。造成这种历史屈辱的根蒂,在于当政者愚昧、腐败、无能!

而眼下这些新的当政者,完全是另一种情况了。尽管五万美元对于发展原子核科学所需,不是多大的要求,然而他们的远见卓识和治国安邦之道,一举之中昭然天下,让人信服,给人希望。

布拉格之情

1949年3月29日,中国人民和平代表团乘火车离开北平赴会,4月11日抵达莫斯科后,方知法国政府拒绝给一些由共产党组团参加的国家代表团发放入境签证。这显然是某些抱有敌视态度的西方国家,企图把世界和平拥护者大会变成他们的政治工具。

中国人民和平代表团的外交使命遭遇了大麻烦。

然而,主持正义的和平大会主席约里奥·居里,完全不听命于西方国家的图谋,他冒着巨大压力毅然做出决定,临时在捷克斯洛伐克首都布拉格设立和平大会分会场,接纳不能前往巴黎的各国代表团,并且想出绝妙办法,通过扬声器把无线电声音放大,来进行主会场与分会场的联络。约里奥还派了伍斯特博士和恩纳斯特·卡亨,代表巴黎总会到分会场做现场指导,传达大会旨意,共同协调行动。

4月17日,钱三强随同中国代表团抵达布拉格,三天后,即4月20日,第一次保卫世界和平大会开幕。

主会场开幕式设在巴黎圣·奥诺雷城关大街的普莱耶尔礼堂。主席台上坐着约里奥·居里、《和平鸽》宣传画作者毕加索、作家阿拉贡等杰出人物;郭沫若和一些国家代表团团长则坐在布拉格分会场的主席台上。

扬声器响起钱三强十分熟悉的声音,是约里奥在主持开幕式发表讲话。他首先谴责法国当局屈服于压力,拒绝一些国家代表团到巴黎参加和平大会的不公正行为,他激愤地说出了后来广为流传的那句名言——"真理的旅行是不需要签证的!"话音一落,扬声器里和布拉格会场响起热烈的掌声和欢呼声,人们敬佩他对西方强权政治的公然蔑视,感激他对渴望和平人民的支持和鼓舞。

过了好几分钟,又是约里奥的声音:"我很荣幸担任世界科联的主席,世界科联热烈支持这次大会的召开。"他指出,在原子时代到来的时候,召开这次大会首要任务是维护和平,反对战争,全世界共同制止原子战争。

最后,约里奥·居里讲到各国科学家在反对战争势力中所承担的特殊责任。他向全世界发出呼吁:

> 不能用消极的和平主义来表达我们的和平愿望。对那些还没有认识到战争危险的人们,我们应向他们指出这种危险性;对于那些像我们一样愿意保卫和平的人,我们要给他们提供方便;对那些明知战争的危险而偏要战争的人们,我们要坚定而冷静地告诉他们,我们是要和你们清算的。我们呼吁一切善良的人们起来避免战祸。要充分认识到我们自己的力量,要相信,在这场斗争中,我们必将胜利。

在布拉格分会场，最激动人心的场面发生在4月23日，这天是周末。正当会议进行中，会场广播里突然播出一条来自中国的最新消息：中国人民解放军胜利渡江占领南京，摘下了总统府大厦的国民党党旗，升起了鲜红的人民解放军军旗！

会场顿时沸腾起来，又是欢呼，又是鼓掌，许多国家的代表向中国代表围过来，抢着握手、拥抱，郭沫若在主席台上被几个代表团团长拥抱在一起。台下更是热情高涨，"见了中国人就道贺、拥抱，最后忽然把身体瘦小的代表丁瓒围起来，由几十个外国代表把他向空中抛起3次，气氛达到高潮，使得争取和平的勇气顿时增加"。

当天晚上，友谊、欢乐的气氛达到高潮。

布拉格大剧院安排了晚会，各国代表团自排自演节目，都是现学现演。中国代表团除了戴爱莲的独舞，还临时排演了一个秧歌剧，由钱三强担任演唱指挥，表演者有程砚秋、曹禺、戈宝权、丁玲等。他们"仅仅准备了5分钟就上台去唱了，并赢得阵阵掌声。这种现学现演，在戏班里叫作'钻锅'。程砚秋后来对程夫人说，他是有生以来还没有如此大胆过，以往凡是他准备演出的戏，总是精雕细刻，演出时他总是提前化好装，酝酿情绪，一出场就进入规定情境，故而塑造出许多生动的人物形象。但是习惯归习惯，在今天的国际舞台上，程砚秋为了呼吁和平，为了增进友谊，高涨的热情使他抛弃了种种顾虑即兴登台引吭高歌"。

剧院广场是自由舞会，每当舞曲结束，友好的人们把一束束鲜花献给中国代表。钱三强等几位年轻的中国代表成为主角，

10年前他在约里奥·居里夫人家学会的交谊舞第一次用上了,陪同热情的外国朋友尽情欢跳。

晚会结束已近凌晨,钱三强回到房间仍无睡意。中国代表团的每一个房间,全都亮着灯。

年近花甲的郭沫若兴奋得睡不着,他来找钱三强说话:"今天,真使我们扬眉吐气!党中央多么英明决断啊!没想到就在今天把旗子插上了蒋介石的总统府!真叫全世界震惊呀!"又说:"这次会议真是收获大,其意义无可估量。你的老师约里奥是世界和平事业的一面大旗,敌人会闻风丧胆。"

钱三强抑制不住对老师的敬意,说:"他一向旗帜鲜明,无所畏惧。"

郭沫若虽尚未接触过约里奥先生,但经过这次和平大会,对他的正义精神产生了景仰之情,由衷赞叹道:"真是一位伟大的朋友。他不仅是中国的朋友,同时也是全世界的。"

许多中国代表在不眠之夜写下了这一天的日记。钱三强这天的日记写得很长,但遗憾的是,这篇日记连同他几十年所写的日记在文化大革命中统统被抄家抄走了,一直下落不明。为了找回一点布拉格那个不眠之夜的实感,了解彼时一代中国人的情怀,这里引录中国代表团另一位成员、女作家丁玲1949年4月23日布拉格日记片段:

中国人民受了多少年的灾难才取得了这一天!我们该怎样来纪念这一天呵!我们从此解脱了帝国主义与封建主

义的枷锁，我们要创造一个新的中国。我们回想着三十年来所牺牲的烈士，我们庆祝解放，我们感到幸福要来。

我们受够了痛苦，我们坚决斗争，我想着中国人民的欢欣，眼泪如泉涌，心怦怦跳动。我们沉重，虽愉快并不轻松，我们欢跃，但仍不能忘记国内斗争的紧张！

外国的朋友呵！你们拉我们手，用力抱我们，你们为我们感到愉快，你们一定也知道我们长期的斗争与痛苦的！……你们庆祝我们胜利，你们快乐，我想你们是懂得我们的，是懂得我们的笑与我们眼泪的……

为中国科学"制礼作乐"

从莫斯科返抵齐齐哈尔途中，一天广播里传来全国青年代表大会在北平胜利召开的消息，没有出席会议的钱三强当选为中华全国民主青年联合总会副主席之一（廖承志为主席）。他当时听了特别惊讶，代表团许多有阅历的前辈纷纷向他祝贺，并且说："缺席当选嘛，亦属正常。"

钱三强回到北平后，感觉不到两个月时间，什么都变样了，各项事业正开始紧张而有序地进行。科学技术界正发起组织全国自然科学工作者代表会议筹备会促进会，经过酝酿提名拟定了205名筹备委员，钱三强位列其中。

6月19日是个晴朗的星期天，灯市口中国工程师学会会所热闹非凡。钱三强同科技界许多熟悉和不甚熟悉的学者，早早端坐在布置得整洁、朴素的会场里，出席科代会筹备委员会第一次会议。会议先由朱德、陈云和林伯渠发表讲话，后按议程选举产生了科代会筹备委员会的领导机构。因为南方还在战事中，华中和华南数省的筹备委员未及时赴会，只有北平、天津、东北和华东的筹备委员172人到会（达到三分之二的规定数），结果选举出35名常务委员，负责科代会的筹备工作，钱三强位列其中。

7月13日，中华全国自然科学工作者代表会议，在东黄城根中法大学礼堂举行正式筹备会，这是中国科学技术界从未有过的大团圆，不仅在国内的筹备委员都到会了，还邀请了各界来宾近百人。吴玉章致开幕词时说道："中国要实现经济上的真正独立，还要经过很长的时间和艰苦的奋斗，这个伟大的工作就落在我们科学工作者的身上。"

精彩的是当天下午周恩来向会议做的报告，虽然讲了整整3个小时，但大家并不觉得冗长。他用形象生动、朴实无华的语言，说明了几个众所关心的问题，这就是政治与自然科学的关系问题，自然科学的理论与实践问题，普及与提高问题等，他语重心长地勉励科学工作者通过实践认识中国共产党，向中国共产党靠拢。周恩来讲道："不久的将来，我们必须成立为人民所有的科学院，希望大家参加筹划。"

钱三强第一次见到周恩来这位留法学生的偶像，他的言谈举止让人耳目一新，精神为之一振。

到了9月政协会议，钱三强更多更直接地感受到了新领导人的风格。他是全国青联出席政协会议的代表,并先后当选为全国政协委员和常务委员,他还是"国旗国徽国都纪年方案审查委员会"的委员,讨论中他以主人翁的态度积极发言,直抒己见。如他指着一个国徽的图样说:"这个白底红星的徽很容易和其他国家的相混。"郭沫若又拿出一个绘着蓝条和五星的国旗图案和大家商量:"这个怎么样?"钱三强想了想说:"改成黄色的好,我国长江、黄河就是黄色的嘛。"经过反复讨论,委员们一致同意国旗上的五星应当是黄色的。

"科筹会"上钱三强成为活跃分子,这是因为他接受丁瓒的建议,"要我趁筹备自然科学工作者会议的机会,注意了解到会各位科学家的专长、成就和学术见解,以备新的政治协商会议提出组织、调整全国统一的科学研究机构方案,提供领导参考"。

会后钱三强开始做的一项工作,是参与起草科代会筹委会向即将举行的全国政治协商会议提出"设立国家科学院"的提案。之所以能参与如此重要事项,钱三强自己认为是这样的:"早在1949年春,当丁瓒和我等人随郭老一起去参加在布拉格召开的世界和平拥护者大会时,丁瓒就向我透露了中央有在新中国成立后建立统一的科学院作为全国最高科学机构的意图,并说内定由郭老负责。"5月6日那天,他还和丁瓒一起陪同郭沫若在莫斯科访问了苏联科学院,听取物理学家瓦维络夫院长介绍苏联科学院的组织情况。筹建"国家科学院",高层决定由陆定一(中共中央宣传部长)负责,协助陆定一工作的是恽子强

（原延安自然科学院院长）和丁瓒。钱三强参与其中，"因为丁瓒来自南方，对北方的情况不太熟悉，我又是北平研究院的工作人员，所以也被邀参加筹建工作"。

那时大家都沉浸在辞旧迎新的喜悦中，革命热情在科学界同样高涨，不少人主张定国家科学院为"人民科学院"，钱三强赞成，于是他和丁瓒起草向政务院的报告，题目即为《建立人民科学院草案》。"草案"最初形成是9月上旬在钱三强的住地进行的，由黄宗甄做讨论记录。令人意想不到的是，如此重大的事情，工作做得如此简洁明快：

> 在政协开会以前，有一天丁瓒约恽子强和我到泰安巷北平研究院宿舍钱三强家聚会，恽子强因有事未能来，我和丁瓒去了，在钱家用了午餐，畅谈了一个下午，有关新中国人民科学院的规模、组织、方针等，主要由钱三强提出，我做的记录。钱三强在法国多年，一直做研究工作，熟悉法国研究机构的情况。当时法国有以约里奥·居里为负责人的国家科学研究中心，包括许多做实际研究工作的机构。还有苏联科学院也是这样。可以说，我们筹建科学院的雏形是苏联、法国类型的，而且与中国原有的机构也相近，当时钱三强很强调这一点。
>
> ……
>
> 我当时根据记录整理成一份草案，交给丁瓒和钱三强，现在档案中还能找出这份草案和修改后的正式大纲。

钱三强和丁瓒等在起草建院草案时，针对当时科学界公认的旧中国科学机构存在的两大缺点（缺乏计划性、大学与研究机构缺乏密切合作），主张改变"为科学而科学"的观念，树立"科学为人民服务"意识，着重强调了以下两个方面：

一是科学院将成为工农业及国防方面解决科学理论及技术问题的最高机构。这一点必须在基本任务中明确表示，以纠正过去科学研究与现实脱节和放任自流的趋势。

二是科学院必须负起计划并指导全国科学研究的任务。但科学院另一任务必须把重点放在提高方面，这一点如无明确规定，很容易使科学界误会政府只偏重应用科学而不注意基础科学或理论研究。这种误会在中国科学界已经存在。

这样的认识，在当时情况下无疑是清醒而有远见的。9月27日政协会议通过的《共同纲领》中，充分反映了科技界的这些主流认识，把"爱科学"规定为全体国民公德的"五爱"内容之一（五爱是：爱祖国、爱人民、爱劳动、爱科学、爱护公共财物），并为科学技术专写了一条（第四十三条）："努力发展自然科学，以服务于工业、农业和国防建设，奖励科学发现和发明，普及科学知识。"

1949年10月25日，政务院第二次会议通过了科学院建院方案，决定确定名称为"中国科学院"。它的职能定为："有计划地利用近代科学成就以服务于工业、农业和国防的建设，组织并指导全国的科学研究，以提高中国的科学研究水平。"它的基本任务有三项：（一）确立科学研究的方向，（二）培养与合理分配科学人才，（三）调整与充实科学研究机构。

中国科学院的领导机构，由中央人民政府第三次会议（10月19日）通过。历史学与考古学家郭沫若被任命为院长，陈伯达、李四光、陶孟和、竺可桢为副院长。院本部设立计划局、编译局、联络局、办公厅四个职能机构，钱三强被任命为计划局副局长（局长由竺可桢兼任）。

科学院建院伊始，钱三强和竺可桢领导计划局进行两项最紧迫的打基础工作，一项为接收原中央研究院、北平研究院等旧有研究机构，并且提出新的调整组建方案；第二项是调查全国范围内自然科学研究机构和全国现有专家情况，了解其所长，以便发挥作用。

任务繁重，人手又少，但在两位局长密切合作下，工作有序，进展得很顺利。当时情形，就如协助两位局长工作的植物学家简焯坡后来回忆的："当时，计划局局长由竺可桢先生兼任，钱三强先生任副局长，局里只有我一个人协助他们工作，我是兼代处长。竺先生和钱先生，一个南方来的，一个北方来的，合作得非常好。后来逐渐加人，计划局才算有了一个班子。"

就这样，科学院建院不到半年时间（1950年初），全院首批研究机构方案出台，旧有的24个研究机构调整为18个，新组建研究机构4个，同时提出了各研究所的所长、副所长拟任名单。研究领域涵盖物理、化学、生物、植物、地学、天文、工学、数学、心理学及社会学、语言学、近代史、考古学等。同时，根据原有工作基础和发展条件，对学科发展合理布局提出了设想，这就是：物理、数学和社会科学，将以北京为发展中心；生物、化学和应用科学，将以上海为发展中心；地学和天文，将以南京为发展中心。后来的事实证明，这样的布局设想，总体上与实际情况相符合，减少了重复，发挥了各自所长。

有了研究机构，还得有合适的人员配备，这就是有人形象地说的"有了庙，必须得有会念经的和尚"。钱三强和竺可桢为了摸清"家底"，对全国科技专家情况做了精细调查，掌握到当时全国有相当成就的自然科学家，总人数为865人，其中147人尚在国外。进而在"全国一盘棋"的原则下，开始了合理选聘国内专家，积极争取国外学者归国服务的大举措。

关于钱三强参与的这段工作，在中宣部工作过的龚育之先生有这样的评说："科学院初创，科学工作各方面的政策、方针、规章、制度都有待制定，汪志华同志（三强同志的部下）曾把这类工作称为'制礼作乐'。中国科学院工作的'制礼作乐'，三强同志'与有力焉'。"

秣马厉兵

核物理学家钱三强早就想在中国搞原子能，在他参与新中国科学"制礼作乐"的时候，实现这个想法更是急不可待了。因为他有深刻的经历和认识，"1939年发现核裂变。这一发现迅速导致原子弹、热核武器以及核潜艇产生。所有这些，对国际局势都产生重大影响"。

原子科学在中国怎样起步？钱三强在筹划过程中颇费了一番心思。他曾登门请教物理界前辈和同人，中国科学院建院后，又立即请来叶企孙、吴有训、周培源、严济慈、饶毓泰、王竹溪、赵广增、彭桓武等，商讨物理学如何发展，研究机构如何设置。1950年1月15日的一次座谈会，讨论了足有3个钟头，发言始终未间断，虽然出现意见分歧，甚至发生争议，但在对中国物理学现状的看法上，达成了共识，这就是，中国物理学的发展必须改变人员力量分散、各自为政和科学研究脱离实际需要的局面。

正是基于这样的认识，新中国首批两个物理研究机构之一——中国科学院近代物理研究所于1950年初成立（1958年易名为原子能研究所），它的研究方向和主要任务以原子物理学和放射化学为主，发展原子核科学技术的基础，为原子能应用做准备。当时也有一种意见认为，近代物理所可以考虑按美国的发展思路，把重水、石墨、铀的提炼这些原子能工业应用的工作首先做起来，以期尽快见到实际效果。但所长钱三强和另外一些物理学家认为，中国所处的条件与美国不同，应该首先打好基础、准备条件，以后适时开展原子能工业应用工作。

任何一项科学事业特别是新兴的原子能科学技术要发展起来，最紧要的是有人和物的条件。关于人的方面，钱三强看得尤其重要，他认为中国原子科学要起飞，必须先有领飞的雁。于是1950年1月，他亲自说服正在上海履职的老师吴有训（时任上海交通大学校务委员会主任、华东文教委员会副主任和华东教育部部长）北上任近代物理所所长，同年5月19日政务院下达任命书，钱三强本人被任命为副所长（1951年2月起任所长）。

钱三强在近代物理所履职，其实比政务院下达任命书要早得多。他早早地立身近代物理所，而把视线投向全国，积极物色人才，并且首先盯住了两员大将，一是由云南大学转来清华大学的彭桓武，一是浙江大学的王淦昌。

钱三强和彭桓武回国前就有"好好一起干"的约定，回国后一度同住清华园北院七号，中国科学院成立后又都迁居到地安门东大街一处大宅院，因院内多有花圃，喜种月季，时称"月季大院"。这里作为科学院第一宿舍，副院长竺可桢、陶孟和及稍晚到京的吴有训，一些在京无住所的科学家都住在这里，同时还作为招待所接待外地临时到京的科学家。一段时间，第一宿舍成了科学院的辅助办公地。

在"月季大院"，钱三强凡有关科学方面的信息，都习惯向彭桓武去说，听取他的见解。彭桓武对此印象很深："我记得三强谈过用中国人民科学院还是用中国科学院名称的考虑；也知道他支持贝时璋教授的成立实验生物所的建议，并很欣赏贝教授的数理化与生物学渗透的看法。在物理方面，在我国抗日战争这几年，国际上发生了一件大事，即原子核裂变的发现和由此引起的开发原子能，首先是美国在日本扔了原子弹。所以在调整原中央研究院和北平研究院的物理机构，成立中国科学院的应用物理所和近代物理所时，在人员上对后者特别加强，得到清华大学和浙江大学的积极支援，形成原子核方面的全国一盘棋的集中格局。"从1950年2月起,彭桓武就已投入到近代物理所的筹建工作中。

王淦昌的情况稍有不同,钱三强先致信邀约,希望他能来北京共同筹划核物理方面的研究工作。没想到王淦昌接信后,便自费买了硬座车票赶到北京,时值1949年底的寒冬季节。他先来当面打探情况,好下最后决心。也是在"月季大院",钱三强和王淦昌促膝谈开了,谈了未来近代物理所的构想,谈到中国原子科学的前景和困难,他们觉得志同道合。次年2月16日,王淦昌乘火车到北京报到,随后他又把在浙大建的云雾室也运到北京,决心全身心投入新中国的核科学事业。

同时,钱三强利用全国一盘棋的格局,把原中研院物理所、北研院原子学所、清华大学、浙江大学的许多骨干力量邀集到一起,参加近物所初期的筹建工作。尽管只有十几个人,但它是当时国内一个名副其实的强优结合的集体。

钱三强想到,新中国刚一成立就有了自己的核科学研究机构,并且亲自为它做出了努力,没有捡现成,他内心充满喜悦和自信。这样的好消息,他没有忘记报告两位法国老师,他在1949年12月3日的信中说:"我被调到中国科学院,它属于政府组织内的一个独立机构,负责承担组建原子核物理研究所的工作。这个研究所将包括一个原子核物理实验室、一个宇宙线实验室、一个原子核化学实验室,还有一个涉及宇宙线和原子核的理论物理研究室。"钱三强信中特别向约里奥介绍,理论物理室将由彭桓武领导,那是因为彭桓武在英国时曾经指导过一个法国学生（Morette女士）的博士论文，约里奥曾对论文指导者给予过褒扬。钱三强所以写这件事，是想让约里奥知道，中国的近代物理所有优秀人才，将来能够做好工作，不会辜负期望。

1950年春，约里奥·居里夫妇分别发来贺电，祝贺中国科学院近代物理研究所成立，并不断取得核科学事业的成就。在那时的全面封锁中，这是唯一来自西方科学家的致贺。对这件事，钱三强铭记终生。

求人才，务善用

那时候，国务院和科学院为近代物理所敞开大门，一路绿灯，加上原子能事业本身所具有的吸引力，这些都为近代物理所聚集人才发挥了重要作用，工作进行得顺当而有章法。钱三强后来总结说："从1950年起，在聚集人才方面做了三方面的工作：尽量争取科学家、教师和技术人员来所工作或兼职；争取在国外的中国科学家及留学生归国参加工作；选拔国内优秀大学毕业生来所培训。"钱三强早就设想好，建立一个新兴学科的研究所，将来必须形成高级、中级、初级研究技术人员的金字塔结构。

聚集人才这件事，钱三强并不是凭着"老大"地位搞强拉硬拽，而是兼有周密合理的部署和具体措施。彭桓武对此感触很深："由于有亲身的经历和体会，三强在求才、育才、用才方面做得很出色，有特点。"彭桓武所说特点之一是，"他吸收各方面的专长者，既注意富有经验者与年轻有为者配合，又便利培养，也增强了工作效率"。

钱三强早在科学院筹建之初，曾主持调查全国自然科学专家情况，了解到尚在国外的所有专家名单，他把与原子核科学有关而应该努力争取的"专长者"，都记在心里，或者亲自写信，或者托人转邀他们归国到近代物理所工作。还在1949年4月，他在布拉格短短几天就写了两封"求才"信寄往美国，一

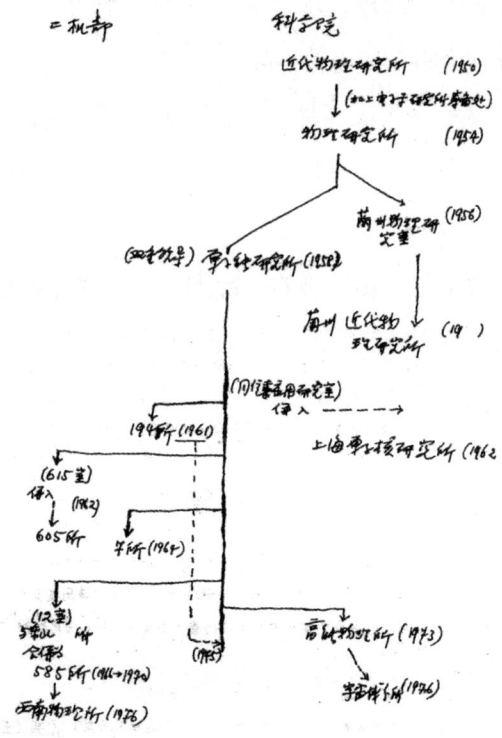

钱三强勾画的核科学技术机构沿革图

封是4月20日写给在芝加哥大学工作的清华校友、金属物理学家葛庭燧，钱三强信中说："想到我们十三四年前曾经共同奋斗所想达到的目标，现在来了……关于全盘科学建设，很需要新起的科学工作者来共同筹划，因此老兄回来是最好不过的了。现在南京上海尚可，今年想怕广东都有希望了。所以全国建设立即可开始，请有志者共同来参加这伟大工作。"葛先生于同年11月第一批回国，曾兼职近代物理所室主任。

4月27日，钱三强又在布拉格写信给《留美学生通讯》（纽约）编者，回答留美学者所关心的几个问题，以自身的体会解除归国的顾虑，动员更多在外学者回国服务。在谈到是否对留美学生将要实施特别政治训练时，钱三强信中写道："凡是本身有用的人才，不是自私自利者，都欢迎回国，参加建设工作。但不像从前，只认头衔不认本领及工作经验。相反地，凡是真埋头苦干，不骄不躁的专家都受到尊重。更谈不到有什么对美国留学生特别实施的政治训练。主要应该想到自己是人民中享受过特别待遇的人。现在既然学有所成，应该从'为人民服务'着想，利用自己的知识以及技术，为人民大众服务。"他还告知诸人："举例来说吧，以小弟之无知，从来未走衙门，拜显要，中共来了以后，也不特别轻视。我觉得一切都很自然。"

钱三强的这两封信，先后在《留美学生通讯》第一卷第六期和第七期刊出，对许多留美学者起到了很好的动员作用，不少学者归国后被吸引到近代物理研究所。

1950年赵忠尧要回国，这是钱三强很高兴的一件事，认为近代物理所又会增加一员大将。但不料,赵先生回国途中被驻日美军扣留,使其在南京的家眷生活上发生困难。钱三强获悉后即与吴有训紧急致函郭沫若,请求院方发给赵家生活补助费,数额相当于赵忠尧拟定工资的百分之七十,直至他到所工作为止。赵先生的家眷及1951年回国后的赵忠尧本人,对于此种诚意深表感激。

1951年3月和10月,通过钱三强亲自联络和邀请,留英核物理学家杨澄中和留法放射化学家杨承宗,先后回国到近代物理所,并分别主持早期电子学组和放射化学组的工作。随着所内人数不断多起来,二杨因为名字相近,同事们称呼上发生过不少误会,钱三强和几位同事一起为他们想出一个区分的方法,称他们为"英杨"(英国回来的杨澄中)"法杨"(法国回来的杨承宗)。叫久了,习惯了,这个雅称至今在核科学界不见淡忘,常常成为人们谈论那段历史的小花絮。

彭桓武概括钱三强求才用才特点之二是,"必要时还借助外单位的指导力量,或聘部分时间兼职,或全时兼职一段时期"。

钱三强在这方面采取两种做法,一种是聘请一些类似于顾问性质、不承担具体工作任务的专门委员,如聘请过周培源、张宗燧、叶企孙、赵广增等,他们的任务是对全所的研究方向和重要学科领域的发展前景提出建议。另一种是聘请所外专家用部分时间到所兼职,并从事相关课题的研究,如聘请生物物理学家贝时璋兼任放射生物研究室主任,聘请热力学和统计物理学家王竹溪兼任金属物理研究室主任,聘请到所兼职的专家还有葛庭燧、何怡贞、李林、刘静宜、洪朝生、吴乾章等。这样做的结果是，工作很快开展起来了，年轻科学技术力量也得到很好的培养和锻炼，收到了事半功倍的效果。

钱三强找陈芳允携手合作的故事，成为原子科学和电子学初期联盟的佳话。20世纪50年代初，中国科学院准备发展电子学，成立由陈芳允负责的电子学所筹备处。此前，近代物理所也有一个核电子学小组，但力量薄弱只有五六个人，做些从零开始的工作。钱三强想借助电子学所的筹备来促进两方面共同发展，他找科学院领导提议把电子学所筹备处先合在近代物理所。院领导接受了（同时合并的还有数学所闵乃大负责的电子计算机部分），但陈芳允在服从大局的同时，担心电子学被原子能"吃掉"，有所顾虑。钱三强理解陈芳允的心思，主动向这位清华校友做出承诺："芳允，电子学筹备处先到我们这儿来，实行一次跨学科联合，进攻主要目标，以后电子学一旦建所，你们原班人马和仪器设备都带走。"陈芳允点头说："老兄，你可是君子一言，要言而有信啊！"

三年后的1956年，在实施四项紧急措施时，钱三强的承诺兑现了。他所采取的三年跨学科联合，取得了"双赢"的结果："经过这一合并与再发展过程，电子学与电子计算机工作的物资、所需人员和其他条件都有了增强。忻贤杰负责的核电子学组也比过去有了加强，业务范围也扩大了。"陈芳允对此深有体会："钱三强信守诺言，同意我们从原子能所撤出来，他仅留下了两个人。钱三强是一个很值得人们佩服的人，我们都很尊敬他。"

钱三强用才育才特点之三是,"发挥个人优点并指示钻研方向"。彭桓武举例说:"例如1953年钱三强让黄祖洽向中子输运应用理论发展,1955年让黄祖洽和我去苏联学习反应堆理论。1956年暑假送我一本名为《核反应堆工程原理》的美国教科书,交谈中提起二机部新来的大学生还需等待一年才能去新建的工厂工作时感到不安。我建议利用这一年给他们补上专业基础课,譬如《核反应堆工程原理》即可作为课本。他接受了这个意见,将此事安排给北京大学技术物理系。"同时,他从各大学选来一批物理系和数学系的学生进近代物理所,让彭桓武、黄祖洽、金星南授课,把他们培养成反应堆理论和反应堆计算方面的专门人才。

特点之四是,"选拔优秀国内大学生来所培训"。初期,凡是到近代物理所工作或兼职的专家,除了从事研究工作外,都要在所内讲课,培养青年。钱三强也不例外,"作为基础课,三强曾亲自讲原子核物理课,大约每周一次"。后来(1955年5月),为了更多地培养原子能科学事业急需的力量,在科学院支持下,钱三强邀请浙江大学的胡济民、东北人民大学的朱光亚和北京大学的虞福春负责,在近物所建立一个专门培养青年学生的机构——近代物理研究室(代号叫6组)。钱三强花了不少时间和精力来筹划这个机构,他到科学院争取经费支持,在中关村近代物理所附近盖了教学实验楼和宿舍,订购了必要的设备和图书。不到一年时间(1956年3月),便开始从全国一些重点大学选拔第一批高年级学生,进行原子能专业教学培养。又一年后，6组"嫁给"北京大学成立技术物理系，负责培养原子能科技专门人才。

在此同时，钱三强与蒋南翔共同研究筹划，并获得国务院同意，在清华大学创办了工程物理系，并且和蒋南翔一起，"在准备派往苏联、东欧留学的理工科学生中，挑选与原子能事业接近的有关专业的学生350名，改学原子能科学、工程技术专业"。后来，钱三强领导的研究所，又负责在中国科学技术大学开办了近代物理系和放射化学系，并派出赵忠尧和杨承宗分别兼任两系系主任，授课老师全部由研究所的研究技术专家担任，开创了研究所办教育的先河。

经过种种努力，聚集人才的工作收到良好效果。近代物理所由初创时十来个人，到1956年全所人员达到638人，"一大批有造诣、有理想、有实干精神的原子核科学家，从美国、英国、法国、德国、东欧和国内有关大学、研究单位纷纷来到所里，真可谓群贤毕至，少长咸集，组成了中国原子核科学的研究中心。经费和条件情况也大有改观"。

贵有一种精神

在总结研究所发展成绩的时候，许多人都称道所长钱三强的科学组织工作才能，而在钱三强直接指导下工作过的黄胜年同时认为，"钱先生更突出的是他的大度和宽阔胸怀"。黄胜年讲了自己这方面的体会："在组建近代物理所的时候，他就想方设法把国内最强的有关各方的优秀科学家请到所里来工作。统计物理、固体物理、金属学、化学和化工，以及生物学界的著名学者，他都去请。越是有本领的人，越要请来。不能全部时间来所工作，就请他们来兼职指导工作。请来以后，尽可能创造条件，让他们施展才华。在工作安排上，钱先生从不强调自己的科学工作领域，总是从全局出发，尽量先支持其他科学家的研究。我想，正是这种人才上兼收并蓄，组织工作上甘为人梯的大度方针，使得在他的任期内，原子能研究所人才济济，兴旺发达，学术风气非常浓厚，学科门类比较齐全，成为一个高水平的综合性科学中心，在我国原子能事业中起到了重要作用。"

钱三强在回顾建所经历时，他很珍惜的一点，就是有了人，人更贵有一种精神，这样工作才有成功的把握。他说，这种精神从某种因素上说是逼出来的。那时，国家经济困难加上外部封锁，双重压力之下，钱三强悟出一条生存和发展的道理——"吃面包从种麦子开始"。"建所初期，工作和生活条件都很艰苦，西方国家对我们实行禁运，有钱买不到仪器设备。于是，研究所我和王淦昌、彭桓武几位负责人领导全所人员学习延安'自己动手，丰衣足食'的革命精神，自己动手制造各种设备，虽然困难不少，所花的时间多一些，但是锻炼了年轻的科技工作者，使他们在制造设备过程中掌握了不少必要的技术知识，对以后独立开展研究工作有很大的好处"。

这个集体艰苦创业，发生过许多动人的故事。周光召讲过一件事：近代物理所建所伊始，不能从国家得到多少经费，加上外国封锁，以至于钱三强所长发动大家到北京的旧货市场去找零件自己制造仪器。一次，理论物理学家彭桓武到天桥的垃圾箱里翻找零件，竟被警察误以为是小偷。又如，王淦昌奉命赴朝鲜前线探测放射性物质，赶制一台便携式 γ 探测仪，需要一个10兆欧姆的淬灭电阻，他跑遍北京旧货市场找不到，只好自己动手绕制；杨承宗带领朱润生、朱培基，冒着大剂量的危险到协和医院旧镭氡装置上提取氡气，再由戴传曾等制成氡铍中子源；李德平为了制作一套计数管的真空系统，没有真空封蜡和测量仪器，他从北京灯泡厂弄来装了钨丝没有抽气的灯泡，接到真空系统上代用，把事情搞成了；为了制造剂量笔，赵忠尧想办法弄来材料自己动手拉石英丝；邓稼先用一把糖果从路边小孩手里换得一截铜丝……就这样，短短几年时间，近代物理所许多领域的研究工作，从无到有，从少到多，从低到高，一点一点搞起来了。

实验原子核物理方面：先是在赵忠尧、杨澄中领导下建成了第一台能量为70万电子伏特的质子静电加速器；之后，又在赵忠尧、李整武、梅镇岳领导下，建造了250万电子伏特的高压质子静电加速器；此外，杨澄中设计的40万电子伏特的高压倍加器也初步建成。

探测器研制方面：在何泽慧、戴传曾、杨澄中领导下，先后研制成对质子与电子灵敏的核乳胶、云雾室、卤素计数管、空气电离室、中子正比管和多种闪烁晶体，为粒子探测技术打下了基础，并且开展了中子物理、辐射剂量等多项研究。梅镇岳和郑林生分别建成多种谱仪,并开始做核能谱学实验。丁渝回国后,建造了第一台铯原子束装置,开展了核磁共振谱仪研究。

放射化学方面:在杨承宗、郭挺章领导下做了许多基础性的工作,如天然放射性元素的提取、纯化、分析、测定;铀化学及从矿石中提取铀的研究;重水的制备和测定;用放射化学方法测量铀235和铀238的含量比等。

王淦昌和肖健领导的宇宙线研究,1954年在海拔3180米处的云南落雪山,建成了第一个高山宇宙线实验室,安装了多板室和磁云室,开展了奇异粒子和高能核作用的研究工作。

在理论物理领域,彭桓武和朱洪元带领一批基础扎实的年轻骨干,向原子核物理理论和粒子物理理论主攻,同时有计划地开始对反应堆、同位素分离、受控热核反应这些应用性的理论问题进行探索研究。

钱三强同样感到欣慰的是,通过几年工作实践,各个学科领域成长起来一批骨干力量,既有物理学家,也有工程师,他们是中国原子能科学技术的生力军。这批人在钱三强心目中占有很重的分量,他了解他们的想法和追求、长处和不足,熟悉每个人的工作。钱三强1987年撰写《新中国原子核科学技术发展简史》,从1950年写到1985年,列举了各个时期的每一项重要工作成就,简述了每项成就的完成背景、起到的作用以及由哪些人主要完成,研究所内所有做出成就的科学技术骨干,无论老少男女无一遗漏地被记录下来。

非党团长担重任

20世纪50年代初,全国掀起了向苏联学习的热潮。在这个热潮中,在借鉴苏联发展科学技术经验方面,钱三强算得上是个积极分子。40来岁的他,速成学俄文达到能阅读专业文献的程度。关于科技人员速成学俄文,科学院1954年有统计资料,全院研究人员中,有93.2%的人学习了俄文,其中73.5%的人能阅读专业文献,有近三分之一的人达到翻译水平。

在这样的优越条件下,科学院向苏联学习的步子迈得很快,在1953年初便先于其他领域派遣庞大代表团访苏。这个代表团的团长就是非共产党员、核物理学家钱三强。

当时及后来都习惯用"全面学习"来形容代表团的使命。它的三条任务涵盖很广,而且由周恩来亲自主持政务院会议确定的:(1)了解和学习苏联如何组织和领导科学研究工作,特别是"十月革命"后苏联科学院如何从旧有基础上发展和壮大的经验;(2)了解苏联科学的现状及发展方向;(3)就中苏两国科学合作交换意见。

代表团的构成是全方位的,不仅人数多(不含工作人员26人),还都是各学科领域的佼佼者,如数学家华罗庚、地球物理学家赵九章、动物学家朱洗、生物物理学家贝时璋、神经生理学家冯德培、建筑学家梁思成、天文学家张钰哲、地质学家张文佑、植物学家吴征镒、土木工程学家曹言行、机械工程学家于道文、电机工程学家陈荫壳、历史学家刘大年、语言学家吕叔湘等。

第九章 看到了希望　135

钱三强(左立者)在苏联科学院举行的招待会上。左三为郭沫若，左二为苏联科学院院长

1953年3月5日代表团抵达莫斯科。这天早些时候，消息告知73岁的斯大林突然病重（当晚宣告逝世）。曾经担心，斯大林的丧事可能会影响代表团的参观访问，可事实上，除了增加一些悼念活动，一切都按照原计划进行。钱三强率领全团到莫斯科工会大厦瞻仰了斯大林遗容，在红场参加了葬礼仪式；钱三强本人还同专程到莫斯科吊唁的周恩来、郭沫若，还有正在苏联负责援建项目谈判的李富春、驻苏大使张闻天一起，为斯大林护灵10分钟。

钱三强在莫斯科还见缝插针向周恩来做了一次情况汇报，这是李富春建议安排的。原因是，苏方接待中国科学代表团的日程中，没有安排参观原子能方面的研究机构，钱三强认为不能没有,但不知应否争取以及如何提出。周恩来同意钱三强的意见,认为应该努力争取,并且亲自向苏方高层做了反映。后来增加了参观库尔恰托夫领导的原子能研究所等五个物理学领域的保密研究机构。张稼夫记得,"因为涉及国防秘密,这些机构只让钱三强等少数几个人看了看"。

钱三强很高兴的一件事,是他结识了被誉为"苏联原子弹之父"的库尔恰托夫。由于工作的敏感性,库尔恰托夫和钱三强头次见面时很少说话,前后不超过20分钟。后来,库尔恰托夫似乎知道了一些关于钱三强的情况,他们的谈话从约里奥·居里扯开了。库尔恰托夫告诉钱三强,约里奥参观过他的研究所,那是两年前(1951年)约里奥来苏联受领斯大林和平奖。库尔恰托夫因此对钱三强有了亲近感,后来钱三强还应邀去库尔恰

访苏代表团在苏联参观。前左起:钱三强、华罗庚、赵九章,后左一为张文佑

托夫家做客。这样，中苏核科学方面的合作与交流，无形中增加了一层积极因素。

一天参观物理所时，钱三强又巧遇了曾在居里实验室相识的斯柯别里琴院士，他是该所所长，亲自陪同钱三强参观。他们高兴之下，时而撇开翻译用法语交谈，钱三强试探性询问苏联帮助中国建造反应堆和回旋加速器的可能性，就是这样说起的。

代表团在苏历时三个多月，共参观考察了98个各类研究机构、11所大学和一些工厂、矿山、集体农庄、博物馆。听取了苏联科学院主席团为代表团准备的7个全面性的科学报告，以及多次专题性的工作介绍，内容包括：苏联培养科技干部的状况和方法，科研计划制订程序及效果，苏联科学院各研究所的分工与配合，研究所和大学及产业部门的关系等。部分中国科学家向苏联科学界做了专业研究或综述报告，钱三强做的报告是《中国近代科学概况》。

代表团回到长春集中总结并写出书面报告后，于6月17日回到北京。6月20日，钱三强首先在郭沫若主持的科学院常务会议上做了访苏报告，后（次年1月28日）在周恩来主持的政务院第204次政务会议上做了汇报。钱三强报告总结苏联发展科学的主要经验，有四点：（一）中心环节是培养科学干部；（二）有目的、有计划、有重点地开展研究工作；（三）各科学研究机构之间既明确分工又互相配合，成为一个有机的整体；（四）培养健康的学术空气。

应该用怎样的态度去学习苏联经验呢？钱三强和代表团认

为，上述经验对我国基本上是适用的，有的可以立即付诸实践，如培养干部和制订科学研究计划等；有的则需要经过一段时间，创造了条件之后才能实行，如研究机构的分工和院士选举等。同时认为，苏联科学院在"十月革命"后12年才开始全面改造，中国由于条件不同，改造业已开始，改造过程会缩短，但必须慎重从事，防止急躁，稳步前进。

在此同时，访苏代表团的其他科学家分别在沈阳、北京、上海、南京等地，向科学界做了传达报告，结合讲心得体会。这样上下结合，广泛宣传，促进了全国科研机构和高等学校向苏联学习的热潮，对中国科学院后来几年的工作有很大推动。

但毋庸讳言，在当时"一边倒"的大形势下，中国科学院在学习苏联活动中确也存在片面性，出现过一些偏差。其中教训深刻的是，把政治干预学术、哲学代替科学的错误做法，作为"经验"搬了过来，造成了中国科学发展的负面影响。

首次担当重任的钱三强不辱使命。1954年2月7日，经科学

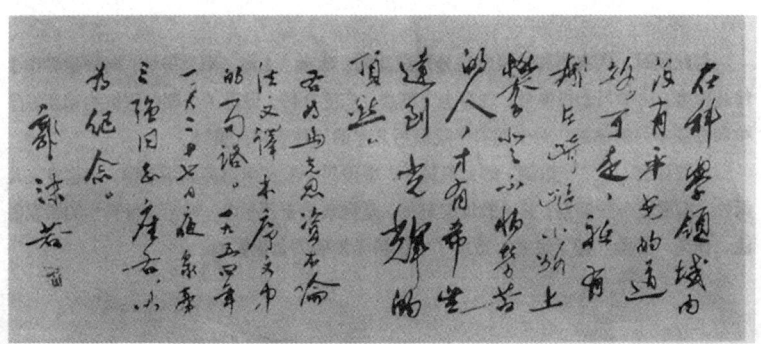

郭沫若为钱三强入党题赠的马克思语录

院学术秘书处支部会议通过,吸收他加入中国共产党——他是回国知名科学家中,最早发展的极少数的几名党员之一。

总理约谈西花厅

1955年1月14日,钱三强按事先接到的通知,来到中南海一处院落,进门后才知道是周恩来总理办公和居住的西花厅。前后来到总理办公室的,还有地质学家李四光,国家建委主任薄一波及地质部副部长刘杰,他们是总理约来谈发展原子能和铀资源情况的。

周恩来以面临的严峻国际形势做开场白,讲到自朝鲜战争以来美国不断推行核讹诈政策,先是杜鲁门,后又艾森豪威尔,动辄以原子弹做威胁。1953年美国国务卿杜勒斯想通过印度总理尼赫鲁给中国带话:"如果不能安排停战,美国将不再承担不使用核武器的责任。"尼赫鲁拒绝传递核威胁的信息后,他们通过板门店谈判把"诉诸核战争"的话散布出来,扬言如果谈判没有进展,战争可能升级,美国有可能使用核武器攻击中国本土,甚至包括首都北京。

在刚刚过去的1954年里,从4月越南奠边府告急,到9月我人民解放军开始炮击金门,再到11月中国宣布对13名被俘的美国飞行员以间谍罪判刑,核威胁一次接着一次搞得甚嚣尘上。

周恩来历数的这些事实,钱三强多数是闻所未闻。他感到这样的形势,真是到了十分严峻的地步,心里觉得沉甸甸的。

面对如此严峻的国际形势,中国应该做些什么?这就是周恩来今天召集钱三强、李四光等所要谈的内容。他把目光投向钱三强："三强，你清楚约里奥·居里先生带的话，'你们反对原子弹，就要有自己的原子弹'，这是朋友的忠告。毛主席、党中央很重视这个意见。但是前些年，对这件事一时还顾不上，有些条件也不具备。比如铀资源情况，总不能靠买外国的原料吧，再说，这样敏感的东西，谁会卖给我们呢。现在情况不同了，去年秋天，地质部在广西发现了铀矿。现在到了考虑发展原子能的时候了，这件事迟早要做。今天先小范围做点研究，听听有关情况，便于中央讨论决策。"

周恩来吩咐："请三强先讲，尽可能讲得通俗易懂。"

钱三强首先介绍了几个西方国家和苏联发展原子能的情况；接着，讲了原子弹和氢弹的原理及关键性的技术和设备，提出争取苏联援助的建议；然后，汇报了国内聚集人才情况和几年来已经做的工作。

周恩来全神贯注地听，一边做记录，不时提问和插话。他特别详细地询问了开展这项工作的必要条件，如目前科技力量情况、设备情况、所需经费情况等。

钱三强很钦佩周恩来所关心的问题，认为这是国家当家人的务实态度。他按自己掌握的情况如实向总理做了报告，并且就科学技术方面的问题代表科技工作者表了态：开展这项工作，就目前情况是有很多困难，但是，这些困难不是不能克服的。

铀资源是发展原子能的决定性条件之一。1954年秋，地质部在广西发现了铀矿苗头。虽然那是一个开采价值不大的次生矿，但这说明有希望，很振奋人心。毛泽东主席知道后一定要看看那个东西，刘杰负责送给主席看了。毛主席说："这个事情要好好抓哟，这是决定命运的。"

一年过去了，现在情况进展如何？周恩来甚为关切。他请李四光做介绍，李四光因牙痛只做了扼要情况说明，由刘杰做详细汇报。

在结束西花厅谈话时，周恩来告诉钱三强、刘杰："明天，毛主席和中央其他领导要听取这方面情况汇报，请做好准备，汇报要简明扼要，通俗易懂。还可以带点铀矿石和简单仪器，做一下现场演示。"

当天晚上，周恩来用毛笔给毛泽东写了三页便笺的信。

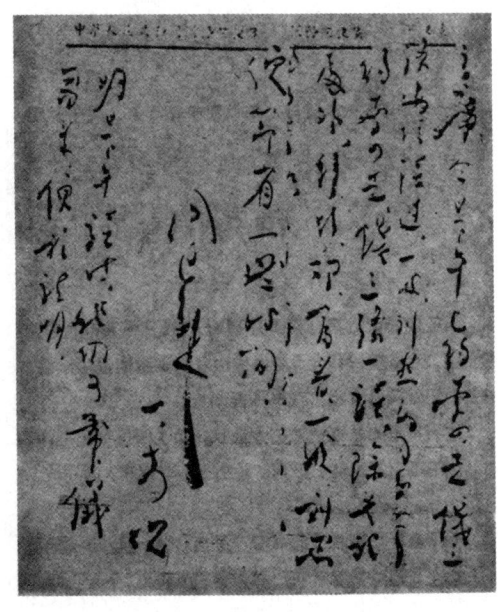

1955年1月14日晚周恩来致毛泽东的亲笔信

主席：

今日下午已约李四光、钱三强两位谈过，一波、刘杰两同志参加。时间谈得较长，李四光因治牙痛先走，故今晚不可能续谈。现将有关文件送上请先阅。最好能在明（十五）日下午三时后约李四光、钱三强一谈，除书记处外，彭、彭、邓、富春、一波、刘杰均可参加。下午三时前，李四光午睡。晚间李四光身体支持不了。请主席明日起床后通知我，我可先一小时来汇报今日所谈，以便节省一些时间。

周恩来

一.十四晚

毛主席说：到时候了，该抓了

西花厅长谈后第二天，钱三强又到了中南海另一处古色古香的庭院——丰泽园。这天举行的是书记处扩大会议。

毛泽东从北屋西头的书房走进会议室，落座前和李四光、钱三强握了手，微笑着对两位说："今天我们这些人当小学生，就原子能的有关问题，请你们来上一课。"

周恩来接着说："先请他们做一下现场演示，有点感性印象，再听情况汇报。"

会议桌上放了一块地质部采集到的铀矿石料，钱三强用所里自制的盖革计数器，接通电源，慢慢靠近矿石，立刻发出

"咯啦""咯啦"的响声,当把计数器移开,响声便停止了。几位领导人好奇地亲自上前做实验,同样现象一次次发生,引得大家笑声不断,气氛顿时活跃起来。

在活跃的气氛下,钱三强凑着热闹弄了个"小秘密",他在自己口袋里放了一小点放射源,慢慢朝着盖革计数器走过去,等到一靠近,突然又发出"咯啦""咯啦"的响声。大家不解其中缘由,仪器怎么自己响啦?钱三强笑着从衣袋里掏出放射源,向领导人泄露天机:"就是这点东西,它也含有放射性。是法国约里奥·居里夫人送的,表示他们支持中国发展原子核科学。"

接着,李四光和刘杰对我国铀资源情况做了全面汇报。讲到经过一年普查,在西北、中南、华东等地发现放射性异常点达200多处,确认有远景的矿点11处,为进一步勘探和提交铀工业储量打下了良好的基础。

而后,由钱三强介绍原子弹和氢弹的原理及外国发展概况。他记住周恩来反复嘱咐的"通俗易懂"要求,先从肉眼看不见的原子讲起:原子的直径只有1厘米的一亿分之一左右。如果把一个原子放大100亿倍,它就像一个直径1米的圆球。通常一个只有芝麻粒那么大的小东西,里边有万亿亿个原子。后来研究发现,原子不是最小的,它本身的构造很复杂,像个小小的"太阳系",每个原子中间有个微小的"太阳",这就是原子核。

讲的过程中周恩来又提示:"三强,你可以举些例子。"钱三强便以原子核举例:"原子核更是小得惊人。打个比方,假如把一个原子放大到像怀仁堂礼堂那样大,那么其中的原子核就像一粒黄豆放在礼堂中央。"

会场发出有趣的笑声。钱三强继续讲原子核及其裂变的能量释放和造成的链式反应，他挂出两张示意图，开始介绍原子弹和氢弹的基本结构。在介绍原子弹时说原子弹是两块半球形的浓缩铀235（或钚239），外面包一层中子反射体，隔开一定距离放置在弹壳里面；弹壳里还要有高能炸药做引爆，使两块半球形的铀在百分之一秒时间内骤然结合，发生快速链式反应。这样，原子弹就爆炸了。氢弹，是根据重氢和超重氢的热核反

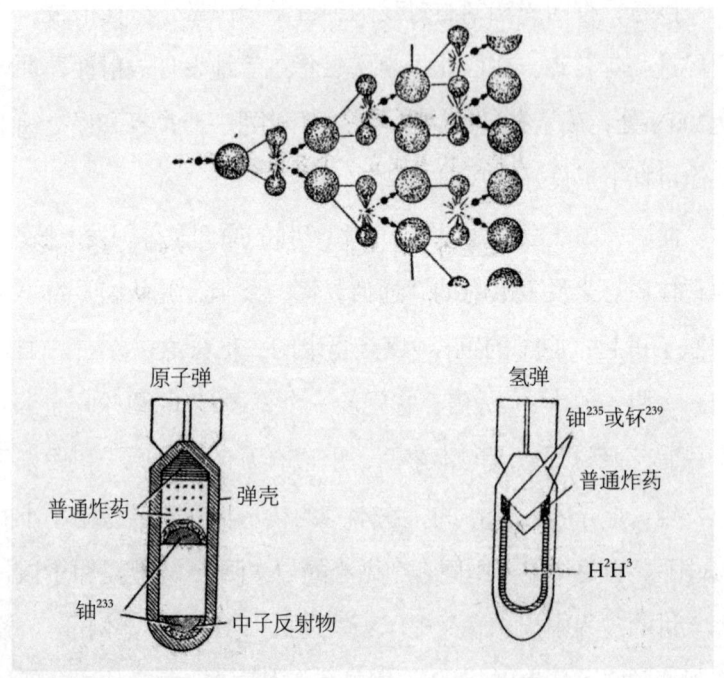

上：钱三强讲解的"链式反应"图
下：钱三强讲解的原子弹（左）、氢弹（右）简单结构图

应原理来制造的。重氢和超重氢的热核反应，要在上千万度高温下才能发生。因此，要使氢弹爆炸，必须有原子弹来引火。它的简单构造是，在原子弹的外面，包围相当数量的重氢或超重氢，利用原子弹爆炸产生极高温，使得重氢或超重氢发生热核反应，让氢弹爆炸。

钱三强讲道，原子弹虽然杀伤力强、破坏作用大，但如果采取相应防御措施的话，几种主要破坏作用是可以大大降低的，他简单列举了对冲击波、光辐射及放射性的防御办法。

在介绍几个国家发展原子能的现状时，钱三强按时间顺序准备了一张表，便于领导人一目了然，容易记忆。

领导人都很关心中国自身的情况，问了不少问题。钱三强就其所知做了汇报，并且提出要想办法建反应堆和加速器的建议。他还讲道："我国的原子能科学研究工作，基本上是在新中国成立后白手起家开始做，几年的努力，总算是打下了一点基础，最可贵的是已经集中了一批人，从个人的研究能力说并不弱于别的国家，还有些人正在争取回来。大家对发展原子能事业很有积极性，充满信心。"

会议进行热烈讨论后，毛泽东做总结性讲话。他点燃香烟吸了一口，然后开始讲他过去称之为"纸老虎"的原子弹问题。

毛泽东并未放弃"纸老虎"这种形象化的说法，但他今天主持讨论的，是问题的另一面。他说：从主观愿望说，我们不愿意搞原子弹。我们反对使用原子弹。但是，要反对原子弹，就要掌握原子弹。掌握了它，就能打掉敌人的嚣张气焰。

毛泽东解开衣领扣。他转换口气继续说：

今天听了好多情况。我们的国家现在已经知道有铀矿，进一步勘探，一定会找出更多的铀矿来。我们也训练了一些人，科学研究也有了一定的基础，创造了一定条件。过去几年，其他事情很多，还来不及抓这件事。这件事总是要抓的。现在到时候了，该抓了。只要排上日程，认真抓一下，一定可以搞起来。

"你们看怎么样？"毛泽东看看在座的各位，接着说："苏联政府已经来信，愿意给我们提供援助。苏联对我们援助，我们一定要搞好。我们自己干，也一定能干好。我们只要有人，又有资源，什么奇迹都可以创造出来！"

会后，毛泽东留大家吃晚餐。三张四方桌，六个家常菜。李四光、钱三强被安排与毛泽东一桌。平常不大喝酒的毛泽东，这时端起酒杯，站起来，大声地说："为了中国的原子能事业，干杯！"

钱三强（中）同毛泽东共同祝酒

第十章

大力协同显身手

中国有了一堆一器

发展原子能事业的序幕一拉开,过去大家心里一直想着的那个神秘东西,现在自己开始做了,并且比较快地在原子能所见到了成绩。

经过几年的发展,钱三强领导的研究所被称为中国原子能事业的"老母鸡"。仅1959年至1965年7月,该所共输送出科技人员914人,其中正副研究员、正副总工程师28人,助理研究员和工程师147人,研究实习员、技术员712人。同时,还为二机部各院、所、厂培训了1706名各种科学和工程技术人员。《核世纪风云录——中国核科学史话》还提供了一组数据，列出由原子能所派生出的机构，仅二机部系统就有14个之多。该书作者列出派生机构后写了一段话："历史已经证明：如果没有原子能研究所，就没有中国'两弹一艇'。只是因为没有终端产品，她的历史性有时被忽略了。"

"建在北京郊外的我国第一座实验性原子反应堆和回旋加速器，在国庆九周年前夕已正式移交生产了。第一批中国自制的放射性同位素已经从这座原子堆里生产出来，从原子堆模腰里的孔道中引出来的中子和两种射线，以及从加速器发出的每秒三万四千公里速度的粒子已经被用来进行原子核物理研究，这是我国发展原子能科学以及和平利用原子能事业中有决定意义的一个阶段。"

以上是1958年9月28日，由新华通讯社向全世界发布的一则新闻。

从这一天起，报纸上和会议发言中多了一个响亮的词：中国跨进了原子能时代！人们以为，有了原子反应堆就一定会有原子弹。为了这一天到来，做事细致、有预见性的钱三强早就默默地把心思放在一堆一器上。

还在1947年，钱三强就从巴黎写信给梅贻琦，建议在清华大学成立原子核物理研究中心；1949年3月，他向北平文管会丁瓒提议，带外汇去巴黎托约里奥·居里购买核科学仪器，首先想到的是回旋加速器的电磁铁；1953年上半年，他率领科学院代表团访问苏联时，曾向斯柯别里琴院士咨询援建一堆一器的

钱三强(前左)陪同周恩来(前中)、陈毅(前右二)、贺龙(前右)、诺罗敦·西哈努克(前左二)等参观原子能研究所

可能性,以及应如何交涉,回国后又立即去拜访国家计委主任,希望把一堆一器作为重大工程对待;1954年8月,他得到面见国防部长彭德怀的机会,详述了一堆一器对开展原子能研究的重要性,同年10月3日,彭德怀亲自给负责中苏合作谈判的李富春打电话:"要把建造那个反应堆的问题,提请苏联帮助。宁可削减别的项目,这个堆一定要争取尽早建起来。"

1955年4月,钱三强奉命同刘杰、赵忠尧组成中国政府代表团与苏方谈判,签订了关于两国发展原子能核物理事业以及为国民经济需要利用原子能的协定。协定包括:由苏联帮助中国建造一座功率为7000千瓦的重水实验反应堆和一台磁极直径为1.2米的回旋加速器,并接受中国工程技术人员和核物理研究人

钱三强(前左二)向朱德(前左一)做现场汇报讲解

员赴苏培训和实习。

中苏协定一签订,中共中央政治局会议便做出决定,在国家建设委员会成立"建筑技术局"。当这个局一亮相,钱三强又多了一个头衔,他被任命为建筑技术局的第一副局长(局长刘伟)。这个局的任务,就是负责筹建原子反应堆和加速器等重大科学工程。

钱三强在建筑技术局上任做的第一项工作,是和刘伟等一起到北京郊区选址,为反应堆和加速器安家。他们马不停蹄围着北京城跑了近半个月,最后选定了西南郊房山县(今房山区)的坨里。短短几年,坨里成了中国第一个比较完整的、综合性的原子核科学技术研究基地,昔日的荒山野岭间出现了一座原子科学城。

反应堆和加速器怎样设计和建造，建成后怎样维护和运行，乃至今后如何开发和应用……所有这些，对于中国科学家和工程师都是见所未见的新课题，必须调集一批人重新当学生，从头学起，弄懂会做，而且时间要快。

担当这个艰难任务的又是钱三强。

根据中苏协定，反应堆和加速器工程的初步设计由苏方负责，但中方要负责为初步设计提供勘探资料和总平面草图，并且参加审定初步设计、编制设计任务书。1955年10月19日，钱三强和彭桓武率领19名青年骨干先期赴苏，参加审查反应堆和加速器的初步设计。随后（11月4日），原子能所又派出一批专业人员前往莫斯科会合，学习反应堆和加速器等相关

钱三强(中)与赵忠尧、何泽慧在列宁格勒参观军舰

零功率反应堆实验楼

我国第一台回旋加速器

技术。

钱三强统领的这支庞大队伍共有40多人，是一支既勤奋又有活力的团队，其中有声誉很高的科学家，有基础扎实的科技骨干，有生龙活虎般的刚毕业或在读研究生和留学生。这支队伍的对外名称叫"热工实习团"，对口物理知识、工程技术和设备建造等，进行全面培训和考察。

每个人承担的任务不仅要完全弄懂，还要能动手做，这样所需时间会比较长，短的用了半年，长的一年左右，大家齐心协力，都顺利达到弄懂会做的要求，保证了一堆一器的安全运行。

让大家知道原子能应用

为了迅速掌握原子能的技术，既善于宏观战略决策，又长于处理影响全局任何细节的周恩来，胸有成竹地提出了应马上做的工作，一是开展"拥护苏联帮助中国和平利用原子能"、"反对制造和使用原子武器"的签名运动；二是进行有关原子能的科学教育，"让大家知道原子能应用"；三是注意对现有的物理学家的使用，规定科学院录用留学生"有优先权"；四是组织认真进行原子能的科学研究工作。

周恩来强调的几项工作，立即得到雷厉风行的贯彻，而钱三强是其中的积极和关键分子。

关于"反对使用原子武器签名运动"，在2月1日钱三强参加

钱三强在北京做首场"原子能科学技术通俗讲座"

科学家小型座谈会发起签名后,2月17日又出席首都著名科学家及科学工作者千人签名大会。会后,钱三强和全体与会科学家在反对原子战争的《告全世界人民书》上签名,继而在全国各地发起声势浩大的签名运动。

关于"进行有关原子能的科学教育",中国科学院先于2月2日组织90余名有关科学家和教授组成宣讲团,并成立以吴有训、钱三强、周培源、钱伟长、严济慈、王淦昌、于光远、袁翰青、曹日昌9人组成的"原子能通俗讲座组织委员会",向中央和全国各地领导干部、学生、工人、战士宣讲原子能科学技术知识。

2月4日下午,钱三强在北京西皇城根干部学校礼堂做原子

钱三强向石油学院师生讲演原子能和平利用

能科学技术首场讲演。当时的情景,从竺可桢那天的日记中能感觉到:"听钱三强讲原子能,听众极为拥挤,直至五点半始散。演讲极为成功。"

随后一段时间,钱三强亲往部队、学校、机关、工厂做了多场讲演。他的讲稿经过何祚庥、秦浩、汪容加以整理,用《原子能通俗讲话》作书名出版,发行计20万册。根据统计材料,包括钱三强和其他科学家在各地所做的原子能通俗讲座,共进行了132场,听众达到16万人之多。此外,原子能研究所由赵忠尧、何泽慧、杨承宗主持编写了《原子能原理与应用》一书出版;以杨澄中为导演,与北京电影制片厂合作拍摄了一部原子能科普电影。从1955年上半年起,全国出现了"认识原子能,发展原子能"的热潮。

第十一章

特殊的角色

知人善任,调兵遣将

1959年6月(原子弹代号后称"596"),"老大哥"反目毁约,企图置中国尖端技术于死地。针对当时形势,钱三强作过这样的形容:"50年代末60年代初,对于中国的原子能事业来说,那是一个卡脖子的年代。"

处在严峻形势下和特殊位置上的钱三强,肩负着特殊的使命。他在科学家中,要起到磁铁作用,团结并且组织大家拧成一股绳,解决各种可能遇到的科学技术问题;他在领导决策面前,要当好参谋,适时发现问题,提出对策建议,不让难题卡壳；他要做桥梁和纽带，上情下达，多方协调，彼此衔接，调兵遣将，组织攻关……用宋任穷的话说："钱三强同志在我国原子能事业的创建与发展中，有独特的贡献，起到了别人所起不到的作用。"

苏联专家撤走后，当务之急是重新排兵布阵，这是"596"工程成败的关键。钱三强协助领导担当了这方面的重要角色，并且公认工作做得很出色。知情人都知道，参加原子弹和氢弹研制的许多重量级人物，诸如王淦昌、彭桓武、朱光亚、邓稼先、于敏、周光召、程开甲、郭永怀、王承书、黄祖洽、吴征铠、汪德熙、吕敏、陆祖荫、王方定等，他们那段人生转折性的经历，几乎都和钱三强有关系。

譬如邓稼先。1958年7月，为了准备接受苏联提供的原子弹模型和图纸资料，当时国家决定成立核武器研究所，亦称九所（后改九院），这个所的理论部急需一位有一定业务水平、政治条件好、组织观念强、善于团结共事的人，还要能同苏联专家打交道。组织上请钱三强物色和推荐人选。钱三强经过一番"扫描"之后，相中了理论组三十多岁的邓稼先。

一天，钱三强把邓稼先找到办公室说了一句幽默的话："小邓，国家要放一个'大炮仗'，准备调你去做这项工作，你怎么样？"

"大炮仗。"邓稼先立刻意识到这是指爆炸原子弹，心里咯噔了一下。但一时来不及细想，随口便说："我能行吗？"

钱三强细讲了调到哪里去，做什么工作，以及工作中急迫需要注意的问题，然后拍了拍邓稼先的肩膀，这就算敲定了。

不久，邓稼先到北京花园路走马上任，从此远离公众视野，痴心于那个"大炮仗"，一干就是28年，成为"两弹"功臣。

1986年邓稼先逝世后，这段经历开始被披露。第二年11月17日，邓稼先的同窗好友杨振宁从纽约写信给钱三强，对他慧眼识人表示敬意。1990年杨振宁发表谈话，更是盛赞钱三强推荐邓稼先：

> 所以我也很佩服钱三强先生推荐的是邓稼先这个人去做原子弹的工作。因为那时候中国的人很多呀，他为什么推荐邓稼先呢？我想，他当初有这个眼光，指派了邓稼先做这件事情，现在看起来，当然是非常正确的，可以说做了一件很大的贡献。因为他必须对邓稼先的个性、能发挥作用的地方有深切的了解，才会推荐他。而这个推荐是非常对的，与后来整个中国的原子弹、氢弹工作的成功有很密切的关系。

又如朱光亚。核武器研究所从西藏军区调来一位主事的将军，缺少一位负责最后产品设计的业务领导人，物色人选的任务又落到了钱三强头上。他在多位科学家之间作了比较，郑重推荐了原子能所中子物理室副主任朱光亚，并且得到二机部党组采纳。

钱三强一直以此作为选拔"带头人"的成功事例。1983年

5月12日他在《人民日报》发表文章谈如何培养选拔"带头人"时，讲了这个例子，当时因为保密需要，他举例时没有点出朱光亚的名字。他在文章中先写道："所谓'带头人'，并不一定是本门学科或本项工程技术里，年龄最老、威望最高的名人，但应该是有本事的人。本事就是：在学术上或技术上有一定造诣；有运用知识解决问题的能力；有干劲和创新精神；善于识人，用人，团结人。"

再如周光召。在那个年代，识才荐才往往要承担政治风险，钱三强推荐周光召便是一例。

当苏联专家撤走、中苏关系面临彻底破裂时，1960年3月钱三强在莫斯科接待了找上门的三位中国青年学者周光召、何祚庥和吕敏，他们是杜布纳联合研究所中国学者党支部的书记和委员，来见钱三强并向二机部领导递交联名信，请缨回国参加"实际工作"。钱三强看了没有豪言壮语的信，心中着实喜悦。他为这些识大局、急国家所急的有志青年感到自豪，当然应该努力促成。但据了解的情况，三人中唯周光召有点麻烦事，他是北京大学派出的讲师，关系不隶属科学院和二机部；还有更大的问题是他有复杂的海外关系，这无疑是一大忌。但钱三强并未怕犯忌而弃才，他先亲自做情况调查，找了我驻苏使馆人员和中国学者谈话，接着从莫斯科拍电报给刘杰："刘杰部长，来信收悉。九局理论组我认为周光召较适宜，但需在国内解决调干问题。"返国后，钱三强还亲往北京大学做疏通工作，调动终获解决。结果周、何、吕三人都如愿以偿，

钱三强(前排右三)和刘杰(前排左四)、赵忠尧(前排左三)、彭桓武(前排右二)出席苏联杜布纳联合研究所成立全权代表会议

分别成为解决原子弹、氢弹理论和核试验测试工作的突出贡献者。

关于这次"请缨"经历,周光召留有难忘的记忆:

> 当时中苏关系破裂,去留问题很现实地摆在了我们面前。恰在此时,著名物理学家钱三强先生赴苏,与我进行了一次长谈,就我国如何发展核武器谈了自己的观点。这次谈话对我影响很大,使我知道了党中央发展核武器以加强国防建设的紧迫性和重要性。我决定回国,投身到"两弹"的研制中去。

当原子弹研制进入决战阶段,需要更多带领攻关的内行人。钱三强意识到自己的研究所首先应全力以赴,便主动向二机部党组推荐了他的两位副所长王淦昌和彭桓武到核武器研究所,并保证说他们政治、业务都信得过,能够挑得起解决最关键问题的任务。二机部领导欣然同意,认为此时此刻有王淦昌、彭桓武两位加入,最为得力。而王淦昌接受任务时只说了一句话:"我愿以身许国!"彭桓武则说:"国家需要我,我去。"

谈话第二天,王淦昌到新的岗位报了到,任九所副所长,主管核武器实验研究工作。他临时改名为"王京"。

然而,在当年为放"大炮仗"的工作者们的背后是今人难以想象的付出。不畏艰辛、甘愿吃苦、置个人安危和荣辱于度外,实在是太家常便饭的事。钱三强深知这些,因此他常常为推荐了这些骨干,使他们远离家人,隔绝外界,失去生活享受,甚至身体落下终身疾病而心觉不安。但钱三强接到过吕敏的一封信:"这个事情我不后悔,总算给国家干了点实际有用的事,知识分子能有这个机会是不容易的。"他又为这种忘我无悔的精神备感欣慰和自豪。

组织攻关无歇时

为了加强全面协作的组织领导,在原子弹研制进入关键时刻的1961年,聂荣臻指示成立二机部、中国科学院协作小组。这个小组由刘杰、钱三强(二机部)和张劲夫、裴丽生(科学院）及刘西尧（国防科委）五人组成，目的是"便于充分发挥科学院有关研究所的力量，更密切地为'两弹'服务，实现攻坚，不在困难面前投降"。

已是壮年的钱三强，1961年5月领受聂荣臻"拧成一条绳，共同完成国防尖端任务"的指示，7月12日至30日，他和裴丽生亲赴沈阳、长春、哈尔滨，组织金属所、应用化学所、土木建筑所170余名科技人员和300余名业务辅助人员，协同对有关金属铀冶炼、核燃料化学、反应堆结构力学等研究任务进行攻关，直到分解课题、任务时间表等都一一订出计划；9月，他和裴丽生南下湖南铀矿厂、矿冶所，组织协同开展铀矿采选和化学冶金联合攻关；10月，他又到湖南二矿进行技术指导；两个月后，他在衡阳召开科技攻关现场会，请来科学院几个所的有关专家，进行"群医会诊"，就铀水冶炼厂生产设备中存在的一系列技术问题，提出研究方案和措施，并且重点审查了纯化车间的试车方案，为纯化系统顺利投产提供技术准备；11月，他和裴丽生在上海主持"甲种分离膜"攻关汇报会，提出对策措施……

根据中国科学院年报相关统计，仅1961年科学院安排二机部的任务就多达83项，计222个研究课题，调动了20多个研究所参加工作。承担的各项任务完成及时，保证了整体工作需要。

正是有了这样的工作局面和良好进展，同年11月17日二机部和国防科委向中央写了"绝密件"报告，其中写道："配合原子能工业的科学研究工作，自今年进一步组织二机部和科学院等有关单位的具体协作后，也有很大进展……若是组织得好，抓得紧，有关措施能及时跟上……在1964年制成核武器和进行核试验是可能实现的。"

攻克扩散分离膜

铀同位素分离有许多关键性技术，其中气体扩散机上的核心元件——扩散分离膜，其重要作用称得上是核心中的核心。那时只有美、苏、法掌握制造分离膜技术，各国都列为最绝密级。

1959年，钱三强先开始在原子能所组织人对气体扩散分离膜进行调研；次年5月，进而成立以钱皋韵为首的研究小组，抽调近20名科技人员，对扩散分离膜开展探索研究；8月，又从复旦大学调来化工专家吴征铠负责技术指导。

但是，制成扩散分离膜涉及粉末冶金、物理冶金、压力加工、焊接、金属腐蚀、物理化学、电化学、机电设计与制造、分析测试等众多学科，要解决制粉、调浆、制膜、烧结、加工、焊接、后处理等一系列工艺过程，是一项综合性很强的技术工程，必须组织多学科部门的专家联合攻关。

1960年8月，钱三强代表二机部和科学院向科学院上海冶金研究所党委书记郑万钧、粉末冶金专家金大康、金属材料专家邹世昌，下达研制分离膜的攻关任务。

但一段时间过后问题出现了：几个单位的工作做得重复，

力量分散，因保密而缺少交流，导致工作进度缓慢。于是1961年11月，钱三强和裴丽生在上海衡山宾馆召集会议，对情况和问题进行全面总结后，重新做出安排：在冶金所组建一个专门研究室（第十研究室），将北京原子能所、沈阳金属所、上海复旦大学原本分头工作的有关人员，携带仪器设备和已有的资料，集中到冶金所进行攻关会战；并且明确由冶金所副所长、物理冶金专家吴自良兼第十研究室主任，技术总负责，下设3个组。以后的情况就像冶金所总结材料所说的："这样四支队伍（60余人）集中在一起分工合作，联合攻关，确实起到了'1+1＞2'、'2+2＞4'的作用。"

到1963年秋，试验结果表明，甲种分离膜元件性能达到实际应用要求，实验室试制工作基本结束。年底，工厂量产达到几千支。经过运行试验，其性能超过苏联的元件，中国研制原子弹的又一路障被清除。

攻克点火中子源

1960年5月，原子能所接受了合成氚化铀的任务。氚化铀小球是原子弹引爆装置的核心部件，这个部件又称为点火中子源——像乒乓球大小的一个小球，把它嵌在裂变材料的中央，在原子弹起爆时受到挤压，释放出足够多的中子点燃核反应。虽然它体积很小，但研制中子源要有一百多道工序。

钱三强决定就在本所进行攻关，并且首先想到一个担任项目负责人的人选,他就是三十刚出头的助理研究员王方定。

一天晚上,王方定应召来到钱三强办公室接受任务。钱所长从柜子里拿出一个容器:"这是我1948年回国时,约里奥·居里夫人送给我的一点放射源(铅210,其中含铋210、钋210衰变产物),放了这么多年一直没有舍得用,现在交给你,可以用到最需要的地方了。"王方定像战士接过武器一般,郑重地接过那个沉甸甸的容器。后来,王方定在工棚实验室进行处理,瓶子已经变黑,钋在黑暗中闪闪发光。

王方定用了许多个晚上查阅文献,希望从中找到某些有用的线索,结果一无所获。一切都只能靠自己。白天,他带领攻关小组同工人师傅一起搭盖"芦苇秆抹灰当墙,油毡涂沥青做顶"的简易工棚;在工棚里用砖头砌起了实验台,从废物堆里拣回来两个纸箱子做物品柜……仅一个多月时间,合成氘化铀实验室建成了。

夏天,简易棚内温度高达三十六七摄氏度,几个小时的实验做下来,汗水浸透了工作服,雨鞋里边积存的汗水哗哗作响。冬天,工棚里没有取暖设施,冻得一边做实验一边不停地跺脚。历经三个寒暑反复试验,甚至有过许多次失败,终于在1963年11月先制成两个氘化铀成品小球样品。经过核武器研究所进行缩小尺寸的整体模型爆轰试验,结果表明研制的氘化铀小球,不仅合乎要求,还比原设计要求更高。年底,又制成4个合格的点火中子源,由王方定和核武器研究所的同事送到了西北基地。

指点罗布泊

随着一个个攻关项目取得进展，1962年9月11日，二机部向中央上报了《关于自力更生建立原子能工业情况的报告》，提出争取在1964年，最迟在1965年上半年爆炸我国第一颗原子弹。

10月16日，钱三强参加国防科委办公会，研究核试验靶场的有关技术工作。会上，钱三强做了系统的介绍性发言，他讲道：原子弹试验是一个十分复杂的、集多学科为一体的高科技试验。仅就核试验靶场可以开展的技术项目就有几十个上百个，而这一个个的项目都需要研究、定题，并在靶场进行技术工程的建设。这样，就需要有很强的技术力量，立即着手立项研究。

张爱萍当场委托钱三强推荐现场技术设计的专家人选，并负责拿出试验方案。

钱三强在任务面前，从不习惯"打太极拳"，只要是国家事业需要，他一定全身心投入。第二天他向张爱萍举荐程开甲负责靶场试验技术设计；10月30日，程开甲到国防科委接受了军令状。

为了给即将成立的核武器试验所搭好班子，钱三强同时推荐了原子能所的吕敏、陆祖荫、忻贤杰三员得力骨干，协助程开甲挑起组建新所的担子。

程开甲等首先做的一项工作，是提出试验方案，而方案中涉及第一颗原子弹究竟采用何种方式爆炸，是飞机空投，还是别的什么方式。为了集思广益，启发新意，钱三强向程开甲交代说,"提试验方案既可以参考原来的建议,又不要局限于现成思路,要大胆探索"。

于是"百米高塔爆炸方式",在程开甲等人的思路中出现了,并且想到放弃无线电测控,改用铺设电缆进行有线测控。11月16日,程开甲主持起草了《关于第一种试验性产品国家试验的研究工作纲要》,纲要设计我国第一颗原子弹采用静电试验方式,将核装置放在百米高的铁塔上做爆炸试验;为了确保方案实现,同时提出了《急需安排的研究题目》计划,共有45个项目、96个课题。

《工作纲要》先交由钱三强审阅把关。经过仔细审查,认为该方案对各种可能情况分析得很详尽很透彻,所提建议极具科学性和可行性,他同意上报,并且很快得到批准实施。

经过两年多一点的时间,核试验研究所在程开甲等的领导和广泛协作下,研制成1000多台(套)核试验控制、测试、取样的仪器设备。1964年春,托举原子弹的百米铁塔在罗布泊建成。

第十二章

奇迹之谜

两年零八个月的一步好棋

随着1964年10月16日罗布泊的蘑菇云升起，此后中国进行次数极为有限的核试验，每当发表新闻公报，世界舆论总要轰动一次，惊诧一番。

轰动最大的一次，莫过于1967年6月17日。那天深夜北京又播出一条重大新闻：中国第一颗氢弹在西部上空爆炸成功。当时，举国沸腾的情景可想而知。但意想不到的是，这条新闻在苏联、在英国、在法国、在美国，甚至在联合国竟引出许多异乎寻常的故事。

人们掐指一数，从第一颗原子弹爆炸到第一颗氢弹爆炸，中国只用了两年零八个月时间，而美国用了七年零三个月，苏联用了四年，英国是五年零两个月。

至于法国，他们的第一颗原子弹比中国第一颗原子弹早四年八个月（1960年2月）爆炸，中国的氢弹爆炸了，法国的氢弹还不见动静（后于1968年8月试爆）。难怪法新社6月18日发的电讯称：人民中国爆炸热核炸弹的惊人成就，使最有经验和最了解情况的专家感到惊诧。还有消息从巴黎传出，说戴高乐总统曾经把原子能总署的官员和主要科学家叫到他的办公室，质问法国的氢弹为什么迟迟搞不出来，而让中国抢在前面了。在场的人无言以对，因为谁也说不清楚中国这样超常的原因。后来证实戴高乐怒气冲冲地拍了桌子。

两年零八个月之谜，不光是戴高乐等外国人感到惊诧，就连中国自己在好长时间里也是不得其解。后来可以实话实说了，大家开始写回忆、写自述，终于找到了答案，它得益于当初钱三强和刘杰下了一步妙棋。

当原子弹攻关最紧张的时候，1960年12月的一天，钱三强和刘杰谈起氢弹话题，商量氢弹研制如何先行一步。钱三强介绍了一些关于氢弹的基本特点："氢弹是要以原子弹做引爆器，但它有与原子弹不同的原理和规律，与轻核聚变反应有关的理论问题，需要有人先做探索，宜早不宜迟。"

刘杰准备把"先行一步"的任务放到原子能所来做，核武器研究所先集中精力抓原子弹研制。他问钱三强："原子能所在理论方面还有没有力量做这件事？"

"有，还有一些。"

"那好。"刘杰正式委托钱三强："这件事由你直接领导，可以不告诉所党委。"

钱三强知道，绕开所党委不仅于个人将会有麻烦，于工作也不见得是好。他回到所里还是先向党委书记说了，而后做出他的部署。

敢担风险用"好钢"

经过两天的深思熟虑，钱三强开始在所内为氢弹先行一步"点将"了。他首先选定的一个"带头人"是黄祖洽。

一天，钱三强把决定告诉黄祖洽："为了早日掌握氢弹理论和技术，我们要组织一个研究组，先行一步，对氢弹的作用原理、可行的结构进行探索研究。你原来带的那个组叫47组，现在这个轻核理论组就叫470组吧。工作要特别注意保密。"

晚些时候，原先做 β 衰变理论研究的何祚庥，正好从苏联杜布纳联合研究所回来了，钱三强不等他休息，便将他点将到轻核理论组，成为其中的骨干成员。

按照钱三强的设想，所内另一块业务上的"好钢"于敏，也应该用在刀刃上，和黄祖洽共同负责轻核理论组的工作。但于敏在所内有一个"老运动员"的称号，每次政治运动都要因为"只专不红"挨批。

显然，这时重用于敏是要冒很大政治风险的，尤其对于总被抓辫子的钱三强而言。

1959年，所里又组织批判于敏"知识私有"和"梦想一举成名"的个人主义，钱三强对此表示担忧，而批判之前找于敏谈话，所党委却偏偏要所长亲自出马，这显然是在将他的军。但对这件作难的事，钱所长并未推脱，因为他既了解要批判的对象，又洞悉让他谈话背后的复杂情况，知道应该如何把握分寸，让于敏安全过关。

出于让氢弹先行一步的考虑，钱三强没有放弃预定设想。1961年1月12日，他顶着压力找来于敏布置"绝密"任务。当听了所长说明新的决定后，于敏感到非常突然，甚至头脑有点儿发蒙。研制氢弹是国家绝密级的工作，真会让受到批判的"老运动员"去参加这种核心机密的工作吗？一开始他以为自己听错了。当他很快明白过来，知道是真的要他去参加氢弹理论的预先研究后，他的心中又非常矛盾。1995年于敏《自述》称："钱三强先生这次谈话，改变了我的一生。"

在钱三强的亲自组织和过问下，轻核理论组工作最红火的时候曾经达到40多人，共写出有价值的研究报告和论文69篇，还有一些没有写成文字的研究成果。轻核理论组的研究成果主要在两个方面：一是对氢弹各种物理过程的探讨和研究，包括各种有关核反应截面的调研、整理、分析和计算；中子在氢弹爆炸过程中所起的作用；铀层绝缘作用和装置中温度变化的临界点，给出了反应延续时间的数量级；辐射波和冲击波的相互作用，以及等温介质中有关冲击波和简单波的规律；从广义玻尔兹曼方程出发导出辐射流体力学中子方程组，为进行精密总体计算准备了基础。二是对氢弹作用原理和可能结构的探索研究，包括认识和发现点火点和燃烧点是两个临界点；为解决点火，必须使热核反应能源大过能耗；认识到提高氘化锂6燃烧的关键所在；氢弹设计的关键在于使氘化锂6压缩成尽可能高的密度；使热核反应直接进行，要有足够高的反应速率等。

第一颗原子弹试验成功两个月后，即1965年1月，轻核理论组的精兵强将黄祖洽、于敏、何祚庥等共31人，奉命合并到了核武器研究所。黄祖洽清楚记得："合并后，大家协作，发挥各自的长处，在原有对原子弹研制和对氢弹预研认识的基础上，共同探索实现氢弹的具体途径。果然只经过一次含有热核材料的加强型弹核爆的试验，便在1967年，即原子弹爆炸后仅仅两年零八个月，成功地爆炸了我国第一颗氢弹，创造了世界上从原子弹试验成功到氢弹试验成功最快的纪录。"

钱三强敢担风险，不顾压力，又一次做了他应该做的事，做了他习惯做的事，也是他不得不做的事。大家理解他这是出于对国家对事业的忠诚，是他知人善任所表现出的远见和胆识。正如何祚庥回忆文章所说：

> 于敏是原子能所里有名的"老运动员"，是"道路"问题，这样的人能否请来参加这样的工作，在当时"以阶级斗争为纲"的形势下，这又成为疑问。又

是三强同志承担起政治责任，拍板定案，决定调于敏同志来参加并领导这项工作。这是由于三强同志竭力排除来自"左"的思潮的干扰，知人善任的结果。

钱三强的一步妙棋，还包括他亲自组织的另一个集体——轻核反应实验组（代号2-9组）。这个组是和轻核理论组同时成立的，这是钱三强为氢弹"先行一步"做出的周密安排。

轻核实验组由何泽慧主持的中子物理室（二室）归口管理，其成员在1960年底有十几人，组长先由蔡敦九后改由丁大钊担任，有一段时间，轻核理论组和轻核反应组成为钱三强"两手抓"的工作，丁大钊等2003年回忆说："钱先生在百忙中经常挤出时间参加我们的讨论，提出他的构想，引导大家深入研究。例如他说：可以设想氢弹装置是一个裂变燃料和轻核材料的组合体，在裂变和聚变过程中产生大量的中子、γ射线并释放大量的能量。据说，美国第一颗氢弹实际上只能说是一个氘装置；而由苏联氢弹爆炸中测出了$6Li$。到底起主要作用的反应机制如何？用到哪些材料和如何组合最佳？……钱先生的多次谈话，为轻核反应实验组指明了研究方向、目标任务、重要课题、工作步骤和方法。"

轻核反应实验组做出的成果，在后来的应用中起到重要作用。如1965年2月，核武器所理论部从苏联公布的有关文献中，发现某一轻核反应截面数据数值大得不合理，由何泽慧带领30名科研人员重新研究该截面数据。在正常情况下需要两三年时间做的工作，而何泽慧领导的攻关小组只用4个月就完成了，更为关键的是，避免了错误数据的误导，没有走到氢弹设计的错误方向上，这其中的秘密，就是因为有了轻核反应实验组几年前的工作基础。

第十三章

肝胆相照

元帅为科学家"募捐"

那个年代,一方面人们热情高涨,干劲十足,工作取得节节胜利;另一方面天灾人祸临头,造成困难重重,生活物资样样缺乏。在原子能科技战线上,许多参加昼夜攻关的科技人员患上了浮肿病,腿上一摁一个坑,仅核武器研究所就有差不多一半人得了浮肿病,还有不少人肝功能指标不正常……这是工作紧张劳累,身体消耗大,营养跟不上所致。

副所长彭桓武也患了浮肿病,他双脚肿得老粗,连布鞋都穿不进去,只好把鞋子提在手里光着脚走路。钱三强见了心里难过，又担心他万一躺倒了不能上班，任务完不成怎么办。

虽然听不到有人叫一声苦，但情况是非常严峻的。

严峻情况牵动了共和国领袖们的心。

毛泽东决心不吃肉了。

周恩来听了情况汇报后，心里像压着一块石头，吃不下饭，睡不好觉。他再三叮嘱主管的负责同志，有再大困难，也要想方设法让科学家、工程技术人员吃饱，不能让他们饿着肚子搞原子弹。总理知道，二机部的大部分研制试验机构设在边远地区，遇到的困难会更大，他除了给以生活上、物资上的关心，还给予精神上的热情鼓励。他说："大跃进"以来，二机部没有动乱，没出乱子，并且取得很大成绩，是了不起的。"两年规划"的提出，是二机部全体职工努力的结果。有了规划，就有了轨道。他特别叮嘱二机部的领导：要各单位注意劳逸结合，有的单位假日不休息，这不行，要循序而进，坚持不懈，不能靠突击。

住在医院治病的聂荣臻想出一个临时应急的主意，决定以元帅身份向军队求援。他要求海军调些鱼和海带，要求北京军区、广州军区、济南军区、新疆军区调些猪、羊、牛肉，沈阳军区和生产建设兵团支援些黄豆、食油、水果来支援科学家，他说：要照顾好科学家，不能让他们的身体垮了。

陈毅元帅正好到医院看望聂帅。听了聂帅的想法，他风趣地说"你这是在搞'募捐'啊"，并立刻表示"我举双手拥护，向各方面'募捐'，也加上我的名字"。陈毅还说："科学家是我们的宝贝,要爱护。我这个外交部长腰杆子硬,也要靠他们。我们不吃,也要保障他们的起码生活。"

勒紧裤腰带,四面八方支援科学技术强国强军。

各路支援物资运到后,聂荣臻发出指示:"募捐来的东西,要以党中央和中央军委的名义,分配给每个专家和技术人员,行政人员一律不分。"

特供补助的粮食、食油和其他副食品分发给科技人员时,你推我让,谁也不肯接受照顾,大家都异口同声一个说法:"国家有困难,是暂时的,再苦,我们也能挺得住。"

钱三强同科技人员朝夕相处,经常目睹那些习以为常的情景,他久久难以忘怀。1983年他在《光明日报》发表文章写道:

> 有一次,我曾到原子弹的设计机构吃过一顿饭,亲口吃到了这些东西。据在第一线工作的同志反映,食物营养和后勤工作都得到了较好的保证,没有后顾之忧。这些调来的物资,不仅是增加了体质上的营养,更重要的是使广大科技人员感受到了党和政府的温暖,感受到社会主义制度下开展大协作的优越性。因此,尽管当时各方面困难不少,但大家精神振奋,情绪饱满,工作进展顺利。

1962年新年伊始,科技界觉得不同寻常。

1月5日,4000多名(设475桌)科技工作者群群队队往北京人民大会堂聚集,每人手持一张由陈毅、聂荣臻、陆定一三位副总理联名的请柬,从红地毯走向宴会大厅。许多人一边走一边打听:今天是什么活动,来了这么多人?

在宴会厅的主桌上,钱三强和钱学森、周培源等对号入座了。

不一会儿,周恩来进场。他径直走向主桌坐到"二钱"中间的座位上。当时的情况,彭桓武记得很清楚:"那次宴会周总理也参加了,在主宾席上,总理一边是钱三强,一边是钱学森,我们一看,开玩笑说,好,我们的代表人物亮相了,我们明白,中央是给我们鼓鼓劲……"

周恩来和陈毅鼓劲没有长篇报告,只做简短致辞,转达毛

钱三强和周恩来在宴席上交谈

泽东主席对大家的问候,号召科技工作者,为了祖国的富强,树立雄心壮志,继续埋头苦干,发奋图强,自力更生,奋勇前进。

接下来就是吃和看歌舞节目。同以往相比较,这次的宴会,更像是单位"打牙祭",菜量大,肉上得多。钱三强后来知道,这次宴会是周恩来报告毛泽东特意安排的,为的是在困难时候同科学家见见面,让大家吃顿肉,补充点营养。

钱三强经历这样的细心关怀不止一两回了。一次,他去西花厅列席周恩来主持的中央专门委员会会议,研究原子弹的两年规划,会后周恩来留大家吃饭,他吩咐做了一大盆肉丸子炖白菜豆腐,外加几碟下饭的咸菜和烧饼、馒头。周恩来不停地动员大家吃,说:"这样的饭菜,又经济,有热量,营养又好,大家要多吃一点啊。"

广州会议解疙瘩

1962年初春,羊城广州,花红叶绿,生机盎然。

是年2月16日,钱三强和三百多位科学家从全国各地云集广州羊城宾馆,出席由聂荣臻主持的全国科学技术工作会议,共同讨论编制十年(1962—1972)科学技术发展规划,作为原定十二年科学规划的补充和发展,并且讨论执行十二年规划以来,特别是近三四年来的经验。这就是全国科技界后来说史必提的"广州会议"。

广州会议前一个月,中共中央召开中央扩大工作会议,从中央到县一级的干部共7000多人参加,习惯称其为"七千人大会"。这次会议不仅出席者多,而且开的时间很长,从1月11日一直开到2月7日。大会以发扬民主而著称,会议的主题报告先印发全体到会者讨论,提意见,根据大家意见修改后再向大会做报告。党的最高领导人带头分析一段时间来的"天灾人祸",在讲成绩的同时讲缺点、讲错误、讲心里话。

1月27日,刘少奇做完报告后脱稿讲话说:"关于目前的国内形势,实事求是地说,我们在经济方面是有相当大的困难。"这些困难是怎样产生的呢?刘少奇举例说,他去年回湖南调查时,问那里的农民,产生困难的原因究竟是什么?他们回答说:"天灾有,但是小,产生困难的原因是'三分天灾,七分人祸'。"刘少奇赞成这个说法,并且说:"过去我们经常把缺点、错误和成绩,比之于一个指头和九个指头的关系。现在恐怕不能到处这样套。有一部分地区还可以这样讲。在那些地方虽然也有缺点和错误,可能只是一个指头,而成绩是九个指头。可是,全国总起来讲,缺点和成绩的关系,就不能说是一个指头和九个指头的关系,恐怕是三个指头和七个指头的关系。还有些地区,缺点和错误不只是三个指头。如果说这些地方的缺点和错误是三个指头,成绩还有七个指头,这是不符合实际情况的,是不能说服人的。"

原本计划刘少奇报告后大会就结束,但由于会议当中许多人纷纷提出意见,不少人心里的话还没有讲出来。因此,毛泽东决定延长会议时间,并且明确后一个阶段的主题是"解决上下通气这个问题",他动员大家发扬民主,把话统统讲出来。这样,会议的气氛空前活跃了。

尽管那时还没有人直接批评"三面红旗",因而不能把发生"人祸"的原因说得很深很透,但对于纠正"大跃进"以来各地方以至于全国所犯的"左"的错误列举了不少。

广州会议开始前,聂荣臻在和一些科学家交谈中,发现不少人顾虑仍然很大,心里存有怨气,有疙瘩,集中反映的一个问题,是关于"资产阶级知识分子"这个提法。有人说:"一提起知识分子,就是资产阶级的,叫作资产阶级知识分子,使子女也因此受到歧视,从没有听到有人提无产阶级知识分子。"

聂荣臻意识到,广州会议也应该贯彻七千人大会的民主精神,让大家把心里话讲出来。2月16日首次全体会议上,在布置会议的开法时,聂荣臻说:"开头的几天,大家敞开思想,议论科学工作的形势,讲问题,谈经验,包括正面和反面的经验,有什么见解,有什么批评,有什么建议,都可以提出来。这一段议论要充分一些。只有经过广泛的民主讨论,才有可能提出比较实事求是的比较正确的方针和做法,才能提出若干加速我国科学事业发展的措施。"他并且提倡,"在讨论工作问题的时候,对于不同的意见,一不戴帽子,二不拿棍子,三不抓辫子"。

钱三强和到会科学家受到鼓舞,大家渐渐开始畅所欲言,对"大跃进、大炼钢铁、大办水利、教学改革、科学工作中大搞群众运动等,提出过若干疑问"。所提意见和建议中,有两条不是一般性的：一条是，为了避免或尽可能减少违反科学规律的事情发生，许多科学家建议国家设置"科学顾问团"；另一条是对知识分子政策方面，首先由马大猷提出并获得大家认同的"资产阶级知识分子"帽子问题，说这是知识分子最大的精神负担，压抑了广大知识分子的积极性。

对这两条意见，钱三强都表示了赞成的态度，他还在小组发言中谈了对"教改"和"拔白旗"的看法。他认为，"大跃进"时代大学的所谓"教育改革"，许多是令人啼笑皆非的。他说："在一些大学里，让一二年级的学生写讲义，大学教授靠边站。既然你能编写大学讲义，何必还来上大学呢！"激奋之下，他尖锐的言辞出来了："在那种老师要听学生话的狂妄年代，怎么能培养高质量的学生？""这样下去，后果简直不堪设想！"

钱三强在排兵布阵、组织"两弹"科技攻关的时候，深感矛盾和痛苦的一个问题，一方面急需培养和安排有本事担当重任的人，而另一方面，这样的人往往要作为"白旗"来拔，三天两头地敲打，搞得年轻人都不敢堂堂正正看书写文章，否则，就被戴上"白专道路""知识私有"等帽子。钱三强讲了原子能所于敏的例子，说他这样的人才得不到尊重，经常挨批，甚至连交给他任务都感觉到压力很大。钱三强希望"资产阶级知识分子"的帽子不能随便戴，别的帽子也不能想戴就戴，说："这样下去，没有人再敢业务上冒尖了，因为那样容易被看作'专而不红'。"

钱三强本人自1958年以来挨了不少次批，心情一直很压抑。

广州会议时，于光远一次到房间问起在他二机部处境怎么样，他不加掩饰说了不怎么好，但并没有在会下及会上发泄个人的怨气，因为他觉悟到，自己是加入了党组织的知识分子，应该多从党和国家事业上着想。

2月25日，聂荣臻向周恩来电话汇报广州会议情况，请他到会讲话，并且说了希望讲的内容。同一天，周恩来致信毛泽东：准备和陈毅一起去广州，"谈军队转业十万干部的安置问题和科学机构的精简问题。同时也准备同科学家见见面，听听他们的意见"。

3月2日，周恩来经过几天调查、座谈，在羊城宾馆向广州两会（科技工作会和同时召开的戏剧创作座谈会）做了《知识分子问题》的报告。讲道，"十二年来，中国大多数知识分子已有了根本的转变和极大的进步"，"我们历来把知识分子放在革命联盟内，放在人民的队伍当中"。

鉴于参加广州会议的还有许多在科学教育系统从事党的工作的领导干部，周恩来特别向他们提出要求：党组织要改进领导作风，做好团结知识分子的工作。提出首先解决"信任他们"的问题。要求"过去对同志们批评错了的、多了的、过了的，应该道歉"。他并且代表中央"利用这个机会，再做一个总的道歉"。他批评了1957年以来对知识分子改造问题上的片面理解，指出改造是长期的，方法要和风细雨，不能粗暴，这样气才能顺，心情才能舒畅。

周恩来的讲话，如同春风拂面，听者备觉轻松和亲切。但同时，不少人仍有意犹未尽之感，觉得报告没有明确解答使人心存余悸的"资产阶级知识分子"帽子问题。

3月5日，陈毅受周恩来嘱托向会议再次发表讲话。陈毅说："周总理前天动身回北京的时候，我把我讲话的大体意思跟他讲了一下，他赞成我这个讲话。"陈毅说："你们是人民的科学家、社会主义的科学家、无产阶级的科学家，是革命的知识分子，应该取消资产阶级知识分子的帽子，今天我向你们行脱帽礼！"接着，他讲的话更动情："十二年的改造，十二年的考验，还是对共产党不丧失信心，这至少可以看出一个人的心。愚昧是个很大的敌人。帝国主义是个敌人，封建势力是个敌人，愚昧——几万万人没有知识，没有科学知识，也是很大的敌人。"

这一席披肝沥胆的话，在任何一个知识群体听来，都会是感激涕零，更何况满堂坐着的是几百位饱经沧桑的科学家。他们联想起自己的种种经历和艰难追求，许多人脸上挂着泪珠，不能自制地使劲鼓掌，双手拍红了还停不下来……大家深切地感觉到，党中央对知识分子政治上的基本看法，又恢复到了1956年知识分子问题会议的认识。

1956年中央召开知识分子问题会议的时候，钱三强正率领热工实习团在苏联学习考察。周恩来代表中共中央做的《关于知识分子问题的报告》，他读了《人民日报》刊载的全文后，简直让他领略了一个前所未有的新境界，真可谓月朗星明、时光静好。他始终印象深刻的是周恩来报告中提出了两个最受听的论断，其一便是"知识分子已经是工人阶级的一部分"，论断之二是"科学是关系到我们的国防、经济和文化各方面的有决定性的因素",并且提出了"向现代科学进军"的口号。

然而,没有等报告落到实处,情况很快发生了逆转。

同年9月召开的中国共产党第八次全国代表大会上,钱三强作为党员代表有一个两千多字的个人发言,他还谈了他对周恩来关于知识分子问题报告的体会,可就在这次会议上,"资产阶级知识分子"的帽子又出现了,并且戴到了许多人头上。

1962年广州会议对知识分子的正确认识,如同久旱盼来甘霖,它带给全国科学界的影响,就像原子核裂变引起"链式反应",激发出巨大的精神能量。当时会议简报写道:"代表们普遍认为:很全面、很透彻,感情充沛,听来很亲切,使人深受感动,心悦诚服。""这是肺腑之言,表达了广大知识分子的心声。""知识分子过去被认为是资产阶级知识分子,觉得自己是被改造的,始终是做客的思想,积极性还没有发挥出来。如今得到一个光荣称号,是劳动人民了,对这一点特别高兴,很兴奋,精神就活跃起来了。"

3月12日聂荣臻在总结会议收获时说:(广州会议)"进一步明确了对现在我国科学界知识分子的估计和看法这个根本问题。大家反映:'脑力劳动者','自己人',主人翁感大大提高,'疙瘩解开了','脱了帽子,加重了责任',表示要好好学习,自我改造,继续进步。""出了气,通了气。通了气,就来了积极性。大家立志要争气,发奋图强,自力更生,做出更多成果来……"

心中的知己

广州会议最后一刻,原子弹话题成了压轴戏。

那是会议闭幕的当天晚上,陶铸代表广东省和中南局举行招待会为科学家送行,庆贺会议圆满成功。为了给大家再鼓把劲,聂荣臻特意指定钱三强做席间发言,讲讲中国的原子弹。他交代钱三强说,中苏关系破裂后,我们依靠自己的力量研制原子弹进展如何,能不能搞得成,大家都非常关心,但又不便打听,希望听到点权威消息。

领导意图和各方面的关心,钱三强能理解,但要讲到什么程度有些拿不准。

聂荣臻指示说:"你今天可以放开讲讲,给大家鼓鼓劲嘛!"

钱三强发言中,先扼要介绍了在党中央和国务院直接领导下,近几年原子能主要科技问题攻关情况,然后他充满信心地告诉大家:"在全国大力协同下,我国原子弹的总体设计和研制,已经开始走上轨道。我们一定能够通过自己的努力,在预定的时间内把原子弹搞出来!"钱三强说的"预定时间",就是聂荣臻1961年提出的国庆十五周年前后爆炸第一颗原子弹,但因为保密他没有说出具体爆炸时间。

这是一个振奋人心的喜讯。钱三强话音刚落,全场笑颜绽开,热烈鼓掌。

钱三强的这次发言,并未对外做任何报道,然而一些国家的情报机构,成天挖空心思到处搜集有关中国原子弹的蛛丝马迹，然后加以推测和想象。于是此后一段时间，各种扑朔迷离的说法出现了。

时隔不久，美国原子能委员会一位众议员做出推测：各种迹象表明，中国将在10年内造出原子弹。他分析说："中国拥有的科学家不很多，但那些科学家都很杰出。这些科学家中，许多是在美国培养出来的……"

晚些时候，时任联合国秘书长的吴丹预言：中国将在今年或明年试爆原子武器。他提醒说："在裁军谈判中，必须估计中国的核子潜力；阻止中国试爆一颗原子弹（可能在今年或明年），是十分困难的。"吴丹说："近代历史表明，经过1920年的英国控制和1930年希特勒控制后，以及1950年到1960年的美苏两国控制后，现在已有一个不会被认错的趋势，这就是说，在20世纪70年代中，世界将会出现四个超级大国（地区），即美国、欧洲、苏联和中国。世界领袖们在研究他们的政策时，考虑好这些因素，将成为一部分智慧。"

广州会议的喜讯很快传遍全国科技界，出现了又一个兴旺时期，聂荣臻称其为"科学的春天"。他回忆当时的情形说："那时候中国科学院、国防部五院、二机部九院等许多科研单位，晚上灯火通明，图书馆通宵开放，一片热气腾腾，我国真正出现了科学的春天。至今我还认为：如果没有那几年的实干，'两弹'也就不会那么快造出来。我们常说，中国人民是很聪明的，并不比别国人笨。事实证明了这一点。我们有些科学家的确很有才能，关键是怎样发挥他们的才干。要有正确的政策，要关心他们的生活。"

1962年3月24日，钱三强向原子能所全体干部和科技骨干传达广州会议精神，出现了感人的场面。他花一整天时间，原原本本传达周恩来的报告、陈毅的讲话和聂荣臻做的会议总结。当他讲到周恩来和陈毅亲自为知识分子"脱帽加冕"，取消"资产阶级知识分子"的帽子，并且肯定知识分子十几年经受考验而不抱怨时，他不禁眼泪夺眶而出，久久说不出话来……这时台下寂静无声，许多人为此情此景和中央领导人的肺腑之言所感动，长时间热烈鼓掌。

然而，有另外一些人听不惯这样的话，看不惯这样的场面，后来公然说钱三强这次传达，是"演了一出丑剧"。

不管旁人怎么看怎么说，钱三强向往那个"科学的春天"的激情矢志不渝。1983年6月，他在《光明日报》发表文章，讲起当年为知识分子"脱帽加冕"、关心大家疾苦的往事，仍然抑制不住内心的激动；1992年5月，也就是钱三强逝世前一个月，在纪念聂荣臻的座谈会上，他抱病说起那个艰难年代的"科学的春天"，说着说着，他哽咽了……

"士为知己者死！"这是钱三强回忆那段经历发自肺腑的真实感受，他视中央贴切人心的政策为"知己"。

第十四章

从书生气到"靶子"

可爱的书生气

张劲夫撰写的《请历史记住他们——关于中国科学院与"两弹一星"的回忆》,有一节客观地写了钱三强的弱点——书生气。

顾名思义,书生者,乃读书之人也。而后边加上一个"气"字,则具有了某种贬义,指沉迷于读书写作,不通人情世故,成了令人嘲笑的"书痴"。但张劲夫所说显然并非此意,所以他文中用了一个说明态度的节题——"科学家可爱的书生气"。其文写道:

钱三强是著名核物理学家，我说他有书生气，是因为这么一件事：三强访问苏联回来很快就找到我。他来的时候气鼓鼓地说："张副院长，我对你有意见！"我说："什么意见？"他说："对你们的科学规划有意见。你搞了一个'四项紧急措施'，怎么没有原子能措施？这是非常重要的事情啊，你怎么没有搞哇！"

我说："三强，你冷静冷静。"他带着一股气对我提意见，很直爽，没有拐弯抹角。我很欣赏他这个态度。我又说，"你先等一等，听我给你讲一讲。原子能的事，是搞原子弹啦。这是国家最绝密的大事，是毛主席过问的大事啊！另外要搞绝密的单独规划。不能在这么多人中讨论这个规划。你认为没有列入紧急措施就是不重视，不支持了吗？"他当时最关心的是想从科学院调些人去，怕我们不重视，不愿意给人。我说："只要我们能做到的，尽量支持你，你这个原子能研究是中央任务，是第一位的任务，比'四项紧急措施'还要重。'四项紧急措施'是为你服务的啊！"

我这一讲，他连忙说："我懂了，我懂了。"

张劲夫在同一篇文章的另一节"钱三强功不可没"中，更明确讲了他对其"书生气"的态度：

三强去世后我写了一篇文章纪念他，特别怀念他做了许多学术组织工作，比如说要科学院各个所来配合承担任务，你选什么任务，他能提出题目，请你承担，他懂，他在法国跟着约里奥·居里做研究工作，发现过原子核三分裂现象，组织能力也比较强。但是正如前边所说，有一点书生气，人很直爽，有意见就提。他是科学家，当了二机部副部长，这样的待遇是不多的。我讲了他的优点，也讲了他的弱点，但我要说："书生气比官僚气要好得多！"

书生气的弱点，钱三强本人曾经说到过。1949年3月北平还兵荒马乱时，他冒冒失失地提出带外汇出国购买科学仪器，几天没有得到音信冷静下来一想，他产生了自责："我心中忐忑不安。我埋怨自己书生气太重，不识时务……"

他1948年急急忙忙回国，要在北平搞什么"原子核物理研究中心"，结果到处碰壁，空欢喜了一场，同样是他那"不识时务"的书生气使然。

再往前，他年轻时候就书生气很足。譬如他高中毕业读了孙中山的《建国方略》，顿时引起对"实业救国"的痴心，决意报考交大学电机工程，并不惜多花两年时间读北大预科；后来受到清华物理系几位教授讲课的吸引，又放弃北大本科一年学历，报考清华物理系重读一年级，原因很简单，他这时的痴心从"实业救国"转到了"物质结构科学"上。

钱三强的痴心追求，有的成功了，有的空努力了一番毫无结果，但值得庆幸的是，他那时并没有因为书生气招来太大麻烦。正因为如此，他没有从中得到更多感悟，说话还是那样直来直去，心里怎么想就怎么说，认为好就说好，不好就说不好。他有话还非说不可，藏不住。

初历第一劫

后来，钱三强接连吃苦头，就是他那"不识时务"的书生气造成的。他不明白，过去所以没遇到大麻烦，那时因为风气比较好，正气能压住邪气，一旦时务和环境变了，邪气起来了，那就势必灾难临头。

进入1958年，反右派斗争"告捷"后，全国开始争相攀比着"大跃进"，时务一下子昏热了起来，而钱三强的书生气性格却依然故我，这就难免要被"算账"了。先是同年2月开始的"双反"运动，二机部领导动员："通过反保守、反浪费推动工作，要彻底反掉官气、暮气、骄气、娇气。"

"双反""四气"口袋一拉开，钱三强被装进去了，认为他都能挂得上，更以"骄气"为尤。除此而外，他还有不少"老账"，是头一年反"右"中应该清算而没有清算的。

第一个回合，部领导层先集中批了他三天，隔一天批一次（2月21日、23日、25日），主要清算钱三强三方面的错误思想和言论：一曰，"站在科学家一面，不站在党的一面"，"实则站在资产阶级科学工作者立场"；二曰，说过"部主要领导对科研不重视"，"用行政办法领导科研工作"，"错误地认为党不能领导科学技术"；三曰，说过"部里有衙门作风，办事效率低，派头大"；等等。

即使在挨批会上，钱三强还是难改"书生气"，时而出现激言相辩的场面。如批他站在资产阶级科学工作者立场而不站在党的一面时，他发言："站在党的一面，并不表示对科研工作不正确就不提意见。"又如批他说过部领导不重视科研工作，他表示说："过去，工业部门对科研工作不重视这个意见，可能不对，可争论，现在认为不全错。"

这样，便招来了第二个回合（3月13日和21日）的批判，这回是重点批他一贯"骄傲自大情绪"，打掉"骄气"。

对于那些莫须有的"上纲上线"，钱三强心里想不通，精神上承受很大压力，常常彻夜苦思，合不上眼。但早晨一起床，像什么事也没有发生过，该干什么还干什么，从不因为个人受到不公正对待而懈怠自己肩负的责任。然而强忍的郁闷格外沉重。钱三强想找本所的刘允斌说说，排解一下心里的痛苦。刘允斌是刘少奇的长子，从小寄养在湖南乡下，13岁到延安，后在莫斯科大学取得副博士学位，1955年被"点将"到热工实习团，学习反应堆工程，是全所上下公认没有浮躁习气、诚实肯干的干部子弟。

7月的一天，钱三强约刘允斌谈了。谈完，他马上产生一种莫名的担心，怕把事情反而搞得更复杂起来。两个月后，担心的事果然发生了，"刘允斌向刘少奇反映了几个问题。这又招致了9月的又一次挨批"。对钱三强第三个回合的批判，是9月23日，这回重点批他"口服心不服"。

一系列挨批之后,钱三强的书生气并没有脱胎换骨。在各行各业"大办""大上"的当儿,科技界急起直追赶潮流大放"卫星",一时间,献礼会、誓师会接连举行。钱三强不想在运动中落伍,更不想当反面典型,他努力打起热情去适应以"大"为上的时务,但在旁人眼里总有点"我行我素"的味道。

1958年10月4日科学院召开"献礼祝捷万人大会",各个研究所纷纷上台献礼,献出科学成果"卫星"2151项,其中声称"超过"世界先进水平的66项,"达到"世界水平的167项。那天,钱三强代表原子能所也上台做了献礼发言,相比之下显得较为"逊色"。曾亲自参加了这次祝捷大会的黄胜年,几十年后说起来仍感触良多。

我记得有一次科学院召开大会,发言者大都提出了事实上难以达到的高指标,而且像竞争似的,一个比一个讲得"宏伟"和"鼓舞人心"。轮到钱先生上台了,出乎许多人的意料,他平静地讲了能够做到的事。在那次大会上是被认为"保守"的。我心中明白,他这样做,要承受多么大的压力。现在回想起来,更觉得难能可贵。

坚持一个科学工作者的良心,坚持实事求是,对于不合理的事,即使是一时的强大潮流,钱先生也不愿稍稍苟合附和。这种刚正耿直的性格,曾经给他自己带来过不少麻烦。不过这也许是一切善良正直的人们在那种不正常年代里的共同遭遇。

1959年7月下旬起，关于超声研究及宣传中发生的不正常情况，使钱三强感到忧虑，他担心这些不科学的东西会干扰原子能研究中面临的紧急任务，同时也会对培养严谨科学作风带来不利。于是，他又一次"不识时务"地站出来说话。这件事，何祚庥在1992年写的回忆文章说道：

> 一件事是在1959—1960年时期出现的所谓"超声波产生放射性"。事件起始于某研究所的工作人员，发现非放射性样品经过超声波"吱吱吱"以后，就"活化"为带有放射性的源。其时，由于国内正在开展一个超声波的运动，这一发现不仅被当作"重大成果"，而且还提到"路线"的高度——要走出中国式的发展原子能的道路！
>
> 作为原子物理学的专家钱三强同志当然知道超声波不可能产生出放射性。但问题并不是一个简单的科学判断，这就要考验一个共产党员的党性了。三强同志顽强地反对、抵制这一"中国式的道路"，竭力不让这一"道路"干扰原子能研究所的主要工作。最后还是在他支持下，组织了某些研究人员做了一个精细的实验，从而最终否定这一"新生事物"。
>
> 我记得三强同志在全所大会上的总结发言中指出：那些竭力将"超声波产生放射性"吹嘘为党的路线的光辉成

就的同志们，不是在那里提高党的威信，而是败坏党的声誉，实实在在地给党的路线抹灰涂黑！

接地线——过阶级感情关

三个回合批完后，部里宣布了对钱三强要采取的措施。措施之一是，原子能所实行党委集体领导，说："钱三强当第一书记不适当。其实不是不可以把党委书记和所长统一起来，但钱三强这一段有错误。顺序应是：××、钱三强、×××。"（"×"为引者隐略）措施之二是，"对三强同志，现在的问题是要过一关——'接地线'，解决群众感情问题。同群众有了感情，对阶级对党就有了感情"。

兑现"接地线"这条措施，是1964年第一颗原子弹爆炸后第三天。

那时，全国无处不在欢庆。然而，在许多应该有钱三强出现的庆功场合，却见不到他，许多人心里纳闷：

"钱公哪里去了？"

"钱先生哪里去了？"

"三强同志哪里去了？"

接连有人问何泽慧。她回答说："他接受新任务去了。"

"去哪儿？"

"到河南信阳农村参加'四清'去了。"

于是，有人更是疑窦丛生：钱三强已是年过半百的科学家，又是一所之长，为什么偏要派他去搞"四清"，莫不是出了什么事吧。

10月18日，随着火车一声汽笛拉响，公众熟悉的"钱三强"暂时消失了，取而代之的是"徐进"。说是真名真姓知道的人多，工作不方便，按规定要改名换姓。钱三强便用了母亲的姓，"进"则是他喜欢用的一个字，寓意进步，进取，前进。1951年思想改造运动中，他和何泽慧喜得一子，后来也用上了"进"字，起名叫"思进"。

有节奏的车轮滚动声，把钱三强带到了以往的岁月。回国16年了，经历了很多，是不平凡的16年，呕心沥血的16年。这16年他自觉欣慰，他为自己参与了为祖国争得荣誉的事业而感到自豪。他也想到，如今到农村过群众感情关，也不是什么坏事，应该既来之，则安之，现在虽然离科学远了，毕竟也是工作，应该在改造客观世界的同时，搞好主观世界的改造。

"四清"运动中，钱三强是一名普通工作队员，生活在素不相识的农民兄弟中间，与贫下中农同吃、同住、同劳动。他的体会是："'三同'也不是那么可怕，那么困难，只要有革命化的决心，咬咬牙就过去了，习惯了，反而会觉得城市的生活厌烦。"通过实行"三同"，他结交了许多农民朋友。正式场合，大家称他"老徐同志"；逗乐的时候，小伙子们亲昵地叫他"老徐头儿"。

钱三强帮助"五保户"挑水，起初没有掌握诀窍，每挪一步，前后两只水桶的水溅出老高，鞋袜都打湿了。热情的老乡教他怎样合着节拍走步，水就不再溅出来了。

那时农村的习惯，白天下地干活，晚上开会搞"四清"教育，老乡们困得撑不住了，就一杆接着一杆抽烟，不分老少男女。钱三强开始时适应不了，呛得眼泪直流，久而久之他"过关"了。

钱三强从农村的许多朴素事件中，得到不少有益的启示，回到研究所后立马联系实际发表议论。如他对农村开会计工分激发社员参加会议的积极性很有体会，认为这是有效的刺激方法，说："因为开会有工分，不仅男社员积极来开会，连妇女也带着孩子和针线活来开会了。"结果他被批为"鼓励物质刺激"。又如他看到两个邻家的小孩打架，一家老人出来把自家的孩子拉走，矛盾就化解了。他认为这是朴素的辩证法，告诫所里青年同志要学会这样处理问题，说："同志间闹矛盾不好。闹矛盾比如两个小孩子打架，要像那个老太婆，什么也不说，把自己的孩子带回家，问题就解决了。这是劳动人民最朴素的辩证法，你们应该学会。"结果他被批为"宣扬调和、折中"。

钱三强搞完"四清"回到北京，"两弹"已经没有他的任务了，原子能研究所的工作也早已实行党委领导制了。于是，他要求离开二机部回到科学院工作，结果没有获得上级领导批准，只同意他"分出一部分时间参加科学院党组"。钱三强自己写的经过是这样的："回来过新年时，我亲自去看望郭老和李四光副院长，我向郭老提出要求，我在二机部工作已完成了，大批干部已成长，我回科学院工作是否可以。他听了以后非常高兴,说自1955年你主要精力用在原子能事业上,做出了成绩,现在已快10年了。若是二机部可以放你回来,我是很欢迎你回科学院来的。后来经郭老向上级组织请示后,决定我暂时还维持现在工作,但可以分出部分时间参加科学院党组。"1965年7月,科学院党组改党委,钱三强被任命为院党委委员。

随后,钱三强接受张劲夫交给的一个新任务,要他把几个方面的粒子物理理论工作者组织起来,根据毛泽东提出的物质无限可分的哲学思想,进行基本粒子结构问题的讨论与研究。参加讨论和研究的理论物理骨干,主要来自科学院原子能所、数学所、北京大学、科技大学等单位,多时达到30余人。在钱三强的支持和组织下,每周集体讨论,分头研究,经过连续几个月的讨论与研究,终于提出了"强子的结构模型",以研究粒子的动态性质。钱三强建议命名为"层子模型",认为这样"更能确切反映出层子这一层也只是人类认识的某个里程碑的思想"。这一研究的主要结果在1966年北京暑期(国际)物理讨论会上公布后,受到与会各国理论物理学家的重视。

然而,此时的钱三强已被扣上了"反动学术权威"的帽子,正在受到批判和斗争。

被抛出来的"靶子"

关于文化大革命中遭难,即便在与"文化"有一定距离的自然科学界，大凡正直而稍有名气的科学家几乎无一幸免，有人甚至不堪忍受迫害走上了黄泉路。但钱三强的情况有点与众不同，他不是群众运动起来后被"揪"出来的，而是在狂潮掀起之前，被抛出来当作"靶子"，发动群众来批斗。关于这一点，原子能研究所当年的"大事记"有所记载。

原子能研究所1966年5月11日成立"文化革命领导小组"，当时在所内的党委领导成员都列入其中，只有身为党委副书记兼所长的钱三强，被排除在这个那时最代表文化革命权力的领导小组之外。

6月17日，所"文革"领导小组召开全所大会，书记做"横扫一切牛鬼蛇神"的动员报告，要求"彻底揭露反党反社会主义的所谓'学术权威'的资产阶级反动立场，彻底批判学术界的资产阶级反动思想，夺取在这些文化领域中的领导权"。大事记接着记下："会后，贴出了大量揭发'资产阶级学术权威'的大字报。"

这里的"资产阶级学术权威"指的是钱三强。"大量"大字报的概念，是"数千张"——该所6月28日的《红专小报》"大字报选编前言"中有如下说明："从数千张大字报的揭发来看，钱三强所竭力宣扬的是'个人奋斗''十年成名''只专不红'等反动腐朽的资产阶级思想和资产阶级知识分子道路，即所谓'钱三强道路'，并为之涂脂抹粉，逐步地使其系统化、理论化，为实现资本主义复辟做舆论准备；钱三强所竭力反对和抵制的是伟大的毛泽东思想，是党的领导，是"大跃进"，是群众运动；钱三强所竭力推行的是一整套资本主义和修正主义的科研路线、干部路线，为资本主义鸣锣开道；钱三强所采用的手段，是依仗他的权势，耍弄资产阶级的花招，企图实行资产阶级专政……"

而由他组织黄祖洽、于敏、何祚庥、丁大钊等对氢弹进行的预研究之事，被大字报揭批为"背着四室党支部、所党委、保卫部、计划处……由钱三强个人主管、独断独行的反党阴谋"。这份所谓"铁证如山"的大字报，不光贴在所里，还刊登在大字报选编上报下发了。

很快清楚了事情的真相，原来短短几天内数千张大字报，是领导亲自出马动员出来的。原子能所不少科技人员、党政干部，甚至知名科学家，都有过遭遇部领导或所领导动员揭批钱三强的经历。

理论物理学家、原子能所副所长彭桓武曾多次说过，某位副部长要他带头揭批钱三强。下面引录的是记者专访彭桓武文章中的一段内容：

> 一天，二机部某领导点名要彭桓武写大批判稿，批判的对象是钱三强，彭桓武不写，便在批判会上被叫到这位领导面前。
>
> 这位领导说："大家都在批钱三强，你是钱三强的朋友，对他更了解，更应该带头。你为什么不批？"
>
> 彭桓武说："钱三强是党员，对我的生活关心，对我的

工作帮助很大，我找不出他有什么毛病。"

"别人怎么批你也怎么批，这总该行了吧？"

彭桓武说："我不会写。"

有人质问彭桓武："支持革命的夺权运动的大字报总会写吧？"

彭桓武说："不会写。"

那些人不信："堂堂一个大物理学家，难道连篇文章也不会写吗？"

彭桓武说："不错，搞物理，我能行，离开物理就无理了。你们如果不信，就去我家调查。在家里我听夫人的，去公园我听孩子的，到单位来，我听大家的。"

其实，钱三强本人心知肚明这其中种种背景，他心里积存着许多想不通的疙瘩，但他不愿细说"这些陈芝麻烂谷子的事"（他多次这样比喻）。他常常说在嘴上写在纸上的只是一句话："我是作为靶子被抛出来的。"

被抄家以后的日子

所以说到钱三强被抄家，是因为这件事在钱三强和何泽慧心里，一直是沉甸甸地挂着的。

抄家本是那年月"红卫兵"的家常便饭，但钱三强被抄家却也与众不同。登门抄他家的不是"红卫兵"，而是所"文革"

组织派来"执行任务"的人。那天,"执行任务"的人趁何泽慧不在家突然来了(何先生后来对笔者说,要不然,她会当面问个明白)。进门后,来人把钱三强和孩子、保姆都叫到厨房里不让在场,然后翻箱倒柜了好长一段时间,最后用一只大旅行袋把抄的东西装走了。其中,钱三强最心疼的,是他几十年的日记本和笔记本,这是他大半辈子的历史见证,有他在法国11年的经历,有他回国后所亲历的许多重要事件……何泽慧先生说,它的珍贵程度超过他任何有价值的财产。

这些东西在另一些人手里,同样也宝贵难觅,最显而易见的是从中找到了他们需要的"炮弹"。譬如1968年3月15日向中央领导报送的《关于钱三强政治历史问题的请示报告》,里边许多无中生有的所谓"罪证",就是从钱三强的日记里捕风捉影弄出来的。这里不妨举几例:

事例一,钱三强1949年4月在布拉格出席保卫世界和平大会,其间他与约里奥·居里派到布拉格分会场指导工作的一位法国科学家联络,并托其带外汇给约里奥帮助购买科学仪器这件事,报告中被列为"里通外国嫌疑"第一证。

事例二,报告写道:钱三强20世纪50年代"多次去苏联考察访问,在苏联时,曾单独参观原子能方面的单位,并多次去库尔恰托夫等专家家里私访。1960年苏联专家从中国撤走前,和二机部生产顾问(苏联专家)单独用法语交谈……"接着,报告则上纲上线认为,"在很大程度上有里通外国的迹象"。

打倒"四人帮"后,钱三强曾"多次吁请归还这些日记本,却至今不明下落",回答说是找不到了。直到2006年,93岁高龄的何泽慧先生,还在不遗余力地为寻找日记本的下落而苦苦奔波,甚至很不情愿而又不得不给百忙中的温家宝总理写信,希望借助高层领导的过问找回那些日记本,使她和九泉之下的三强这个未了心愿得到了却。温家宝真是亲自过问了,他批示中央组织部协查日记本下落。但何泽慧先生的希望还是没有实现。

1966年钱三强被抄家后的岁月,是这样度过的。

他在所里被挂上"反动学术权威"的黑牌子,随时被押上台任人批斗和人格侮辱;1967年起,他在二机部被关"牛棚",

1971年春节,全家在陕西郃阳干校共度除夕之夜

实行隔离审查，接受审讯，写交代材料；1969年9月，他被解除隔离，在二机部印刷厂监督劳动；同年10月27日，他接到二机部通知，三天内离开北京去陕西郃阳"五七干校"，一边参加劳动锻炼，一边继续接受审查。走之前，他壮着胆子提出一个小小要求，希望能和妻子何泽慧一同到干校去劳动，好互相有个照应。这个要求当时没有获得批准。到了12月1日，何泽慧才被批准由去湖北干校改往郃阳干校。

钱三强年轻时爱运动，身体比较壮实，在干校时虽已近花甲之年，但他什么活都干过，养过猪、锄过棉花、施过肥、割过麦子、打过场……虽然对各样农活不是行家里手，但他尽心尽责地对待每一件事，甚至有时还是那样不失书生气。

有一次，他赶着牛在打麦场上碾麦子，碾着碾着"突然牛翘起尾巴要拉屎，临时找不到接粪的工具，他情急之下用双手接住臭烘烘的牛粪，捧到打麦场外"。又比如，"干校逢年过节要开联欢会，每个班、排都出节目。他也和班组里的年轻人一起排练唱歌和跳舞。按说在合唱中较容易扮演南郭先生，但他说，年轻时参加过合唱队，有功底，好好练，节目不会砸。不过他从没在台上跳过舞，为此还专门认真练了好一段时间。他在信中还描述了学会打快板后的欣慰心情"。

何泽慧在干校有两项最拿手的活儿，一是看场，一是敲钟。她看场不是坐着坚守，而是不停地围着场院巡查，不要说鸡牛羊不敢靠近，连麻雀和老鼠也难得漏网。她被分配敲钟的时候，就像在实验室里测算数据一样精细，全神贯注，一边看着手表，一边听着收音机里电台报时声,毫厘不差地把大钟敲响。久而久之,全干校的人都能从钟声响起的那一下,辨别出是不是何先生敲的。

第十五章

在那乍暖还寒时

有衔无职见外宾

1973年,销声匿迹了近10年的钱三强,终于经过批准又可以在外国人面前露面了。他是前一年秋天从陕西郃阳回到北京的,因为他先在陕西临潼医院做了一次直肠手术,后又被诊断患了冠状动脉硬化和高血压病,身体出现了问题,其实更主要的是因为国家形势出现了新情况。

随着林彪在温都尔汗折戟沉沙,轰轰烈烈的文化大革命很快进入了一段"波谷",周恩来继续主持中央日常工作,随之而来的国内政策和国际外交发生了许多微妙变化。那时钱三强和所有的人一样,观察形势变化的晴雨表,凭的是每天发行的《人民日报》——报纸上每一个不同的提法,甚至一个见报的名单及其排列顺序,都会给人们带来喜或是忧。

1972年新年"两报一刊"元旦社论中的一段话,就让钱三强和何泽慧在干校那间茅屋内窃窃惊喜过。这段话是:"工业、农业、商业、科学技术、文化教育等各方面的广大革命群众,要继续发扬艰苦奋斗、自力更生精神,全面贯彻抓革命、促生产、促工作、促战备的方针,鼓足干劲,力争上游,多快好省地完成和超额完成国家计划。"这是好多年听不到的话。

在干校,钱三强给在北京的五弟写信,要他买每期的《红旗》杂志寄来。当读了同年4月《红旗》上刊登的《正确理解和处理政治和业务的关系》评论员文章,刚一看题目便喜出望外,尤其文章里的许多观点引起了共鸣。文章里说的"对业务工作中的客观规律认识越多,钻研技术越深,就对人民的贡献越大,就更有利于社会主义革命和建设事业"。这些话,简直就是自己的体会,太对了。

可喜的事情一件接着一件。4月24日《人民日报》发表《惩前毖后,治病救人》的社论,提出"对一切犯错误的同志,都要坚持团结—批评—团结的方针"。10月1日,最权威的"两报一刊"社论,更提出"继续落实毛主席的干部政策、知识分子政策、经济政策等各项无产阶级政策","要提倡又红又专,在无产阶级政治统帅下,为革命学业务、文化和技术"。与此同时,随着美国总统尼克松访华,国际交往渐渐多起来,周恩来甚至毛泽东都频频出来接见外宾，登了大照片。

正是在这种背景下，钱三强又开始穿上毛料中山装了。他记得："1973年，有外宾提出要会见我，周恩来和李先念同志亲自批准我接待外宾。"起初，钱三强根据需要沿用两个过去的头衔，事前告知他只是虚名不履实职：一个是中国科学院原子能研究所所长，一个是中国科学院副秘书长。

钱三强复出接待的第一位外宾，是丹麦著名物理学家汉斯·玻尔，这是继1962年10月北京相识后他们又一次相见，所以汉斯·玻尔很乐意接受钱三强的要求，在北京做了"关于原子核集体运动和粒子运动之间的联系"的学术报告，使闭塞多年的中国物理学界了解到最前沿的新进展。两年后（1975年），汉斯·玻尔正是因为这项研究成果，与另外两人共享了诺贝尔物理学奖。

1973年5月27日，钱三强被批准陪同周恩来、郭沫若会见美国科学家代表团。这是相隔了六年半之后钱三强第一次见到饱经风霜的周恩来，感慨颇多。他上次见周恩来是1966年12月28日，我国氢弹原理试验成功之时，那时钱三强正处于被半隔离批斗中。但周恩来没有忘记他，当晚，指名要钱三强和二机部几名负责人一起到西花厅庆功。虽然"庆功方式极简单，只备有一小碟鱼冻作为酒菜，开例少许让喝几口酒"，但是周恩来这种寄托情感的关心和爱护，钱三强永志未忘。相隔多年后，钱三强再见周恩来，"心里阵阵难受"。他后来回忆说：

1973年夏天，在接待美国科学家代表团时，我又见到了多年没有见面的周总理。看到总理比以前瘦了，头发更加花白了，我心里阵阵难受。他热情招呼我，和我握手，亲切地对我说："三强，听说你生病了。瘦了一些，要注意身体呀！"

同年10月10日，钱三强接待出国37年首次归乡之旅的美籍物理学家吴健雄和袁家骝夫妇，陪同参观他挂所长虚名的原子能研究所，亲自介绍情况，他还请来赵忠尧、张文裕、王承书等一起座谈。15日他又接到通知，要陪同周恩来、郭沫若会见并宴请吴、袁夫妇。这次会见，是周恩来精心安排的一次破常规的活动，他点名请了许多应该出面的物理学家作陪，并指示名单要见报，其中除了钱三强，还有吴有训、周培源、钱学森、张文裕、赵忠尧、施汝为、王承书、林兰英等人。会见时间之长也是少有，从下午6点先一边吃饭一边谈话，后又坐下来长谈直到深夜，整整进行了六个小时。

这次会见和长谈，给吴健雄、袁家骝留下终生难忘的记忆。吴健雄传记作者这样写道："这是吴健雄与袁家骝头一回与周恩来会面，也是仅有的一次，但是对周恩来推崇备至，留下了极其深刻的印象。周恩来的那次宴会，是选择在人民大会堂的安徽厅。周恩来和他们两人一见面，就表示选安徽厅是因为吴健雄是江苏人，袁家骝是河南人，而安徽正好在江苏和河南中间。周恩来处事的周到和细心，使他们大为感动。周恩来在和吴健雄、袁家骝两人谈话中,还向吴健雄表示了歉意,原因是文化大革命把她父亲的坟给破坏了,使她无法祭拜。……周恩来的广博见识和一流政治家气度,使吴健雄和袁家骝一直津津乐道,钦佩不已。"

也是在这次会见中,周恩来特别关照钱三强说:"你气色比上回见面时好了一些,还要注意呀!"钱三强对此深为感慨:"周总理临危不惧,关心革命,心怀他人,使许许多多干部和群众感受到贴心的爱护。我也是其中之一。可是总理自己却默默抵抗着严重的病魔,一边吃药、一边接待外宾。"

1975年的勇气之作

1975年是一个极特殊年份。这一年,文化大革命还没有结束,邓小平复出主持国务院工作和党中央日常工作,开始对各条战线进行全面整顿;胡耀邦赴任中国科学院(其时原国家科委和中国科协合并于此)党的核心小组第一副组长(组长为郭沫若),受命整顿科学院,很快出现了新气象。

这年7月,钱三强经中央领导批准由二机部回到科学院工作。二机部尚未对他作出审查结论,可在科学院他渐渐又成了忙人。

8月25日,分管科技工作的副总理华国锋约请一些科学家开座谈会,座谈科学研究方面怎样贯彻执行"百花齐放、百家争鸣"方针,把科研工作搞得更好。会上发言踊跃,一些与会者言犹未尽，但华国锋要出差去西藏，不能再主持座谈了，他委托科学院另找时间开会。

8月27日，胡耀邦在科学院三里河他的办公室请来钱三强，郑重委托他来组织并主持科学家座谈会。钱三强听后百感交集，忍不住眼泪直流，哽咽得说不出话来——从1966年6月起9年多来，除了接受批斗、询问，他连平等参加会议的机会也没再有过，突然间受到这般信任，只有无言的泪水才能表达此时此刻的真情实感。

胡耀邦对钱三强说："科学院开的一些座谈会，国务院很重视。如有一次会议座谈找富矿问题，谷牧同志看了这次会议的简报很注意，很快召开各有关部门的会议，立即行动，采取了措施。"胡耀邦交代钱三强，座谈会主要请在科研一线工作的同志参加，每次邀请的人不要多，人人都有讲话的机会，放开了讲。

钱三强问："座谈会是不是应有一个名称？要不要出简报？"

胡耀邦说："有个名称好，就叫'百家争鸣'座谈会吧。每次座谈后都要写简报，发挥作用嘛。"

钱三强还是过去的老脾气，做事说干就干，首次"百家争鸣"座谈会在接受任务3天后的9月1日就开场了。蛰伏了很长时间的到会科学家，对会议名称以及由钱三强主持座谈，感觉既熟悉又新鲜。钱三强的开场白先传达华国锋和胡耀邦的讲话精神，然后他说："实现四个现代化，科学技术如不先行一步，就搞不上去。领导的原则已定，还要靠下面提出应该怎么搞好，靠从事科学工作的人提。有人说,过去提了没有用处。过去时机没有到,不过还是有一些用处,现在时机到了,应该积极提供意见,供领导参考。胡耀邦同志决定召开这样的座谈会,就是为了听取大家的意见,把科研工作搞好。"这番话由打倒复出的物理学家钱三强说开来,无形中起到了打消顾虑的作用,每次座谈发言积极,气氛少有的热烈活跃。数学家吴文俊、植物生态学家侯学煜、工程热物理学家吴仲华、地质学家张文佑、计算机专家高庆狮、天文学家王绶琯、地理学家黄秉维、大气物理学家叶笃正、遗传学家胡含、生物化学家邹承鲁等都敞开心扉讲了自己的认识、体会、希望和担忧,不乏对科研和时事时政的诤谏之言。

几次座谈会和印发简报过后,各方反映怎样,还要不要继续开?钱三强就此请示胡耀邦。原来每期简报胡耀邦都看了,他说,"颇有收获","这是一个很好的渠道,便于听到大家的意见。通过这样的座谈会,还可以学到知识,调动科技人员的积极性"。他要求座谈会再继续一段时间。

然而,科学院也有一些单位的另外一些人极力抵制说心里话、表达希望的"百家争鸣座谈会简报"。如大连一个研究所的帮派头头说:"我们在大连首先和胡耀邦接上火的第一件事,就是连续收到他们发来的为他们制造复辟舆论的'百家争鸣座谈会简报'。我们一眼看穿这不就是被批臭了的那一套吗?有些就是明目张胆地攻击社会主义的'右'派言论。所以我们决定,来一期扣一期,不准下发,不准传播……"

钱三强主持的"百家争鸣座谈会"进行到11月22日，历时两个多月，召开了9次，计有50余名在一线工作的老中青科学技术专家做了系统发言。这些发言除了及时出简报，他还根据胡耀邦"实事求是整出一个东西"的要求，主持起草了《关于"百家争鸣"问题》的综合报告。报告写得不短，洋洋几千字，但通篇没有那些时兴的假、大、空话，而是以座谈会的发言和调查得来的一手情况据实写来，事实充分，观点鲜明。下面引录钱三强1975年11月阅改的"报告"开头语：

一个时期以来，在自然科学领域里，毛主席倡导的"百家争鸣"方针，没有得到很好贯彻，学术气氛相当淡薄。从哲学方面批判外国科学家唯心主义和反动学术观点有一些，不同学术观点的争论则很少。这种状况对我国科学事业的发展很不利。学术争鸣没有很好开展，不少科学工作者"不敢鸣""不愿鸣"，其原因是多方面的，而关键在于领导。

接下去，报告逐一列举原因。如说"不敢鸣"，一是因为"近些年很少提倡和鼓励百家争鸣，还用简单的行政方法处理科技问题，压制不同意见，甚至对正确的意见乱加批评"；二是"政策界限不清，科学工作者有很大顾虑，怕说了不同见解被认为是政治问题"。又如说"不能鸣"，"'百家争鸣'要以研究工作为基础，许多学术问题的讨论，往往在理论研究领域展开，而我国理论工作还相当薄弱,有人想'鸣'也一时'鸣'不起来。此外,学术讨论会很少举行,学术刊物不足,对开展'百家争鸣'也有一定影响"。等等。

那时候,写这样一个不合时宜的报告,不单需要热情,更需要勇气,而钱三强又"不识时务"地这样做了。他的热情和勇气来自他所感受到的新希望,他看到邓小平复出主持工作后,报纸上的许多提法不同了,看到科学院在胡耀邦短短几个月的整顿,发生了可喜的变化。正像他1989年4月19日在《科技日报》发表悼念胡耀邦逝世文章中说的,"使广大科技人员从内心受到巨大鼓舞,使大家重新看到了希望……"

然而霎时之间,政治风云突变,来势凶猛的"批邓、反击右倾翻案风"恶浪骤然袭来,给科技界点燃希望的《关于科技工作的几个问题》(简称《汇报提纲》,由胡耀邦主持写成,邓小平主持国务院会议讨论批准)被诬为"右"倾翻案的"大毒草"。而钱三强主持起草尚未印发的《关于"百家争鸣"问题》,则在科学院被攻击为"没有出笼就夭折了的毒草"。

寒露报喜

1976年,是钱三强感情经历最复杂的一年。他想不通好端端的整顿工作刚见起色,为何又要搞运动,批邓小平,批《汇报提纲》。他经受了周恩来逝世带给他的撕肝裂肺般的悲痛……他和科技界所有正义科学工作者一样,在政治高压下,悲愤情绪在沉闷中变成泪水，痛苦地流淌。

这年初秋的一个夜晚，中关村14号楼钱三强家突然响起敲门声，进来的是面带愁容的周培源和王蒂澂夫妇。他们的突然来访，使钱三强和何泽慧感到一阵惊奇。

那间十来平方米的小客厅，拉上了窗帘，昔日的老师和学生在压抑的气氛中彼此敞开了心扉。关于他们这天的谈话，1992年初钱三强为祝贺周培源九十寿辰写的纪念文章，做了如下回顾：

周先生长长地叹了口气说："这些日子真苦闷，心里有话不能说。"

周师母说："你这位老师快憋死了，今晚一定要我陪他到这儿来，现在只有和你这样的老朋友还能说几句话。"

周老说了下面一系列的话：我是研究理论物理的，他们（指造反派）却要立竿见影，要做出东西能跳能叫的，如果都这样要求，世界上就不可能有爱因斯坦，不可能有玻尔了。有的同志一气之下干脆放弃了理论研究，参加手工操作去了，这等于放弃了基础。20世纪50年代周总理领导我们搞"十二年科学规划"时说："要结合实际，但也要有打基础的科学。"这些年来，我们亲眼看到理论物理所发挥的巨大作用。为什么1964年我们的原子弹能够上天，我们的氢弹能够那么快爆炸？如果新中国成立初期我们不建立理论物理组，没有彭桓武、邓稼先、周光召、于敏、黄祖洽等这些有才华的科学家埋头苦干，那会是什么样子啊！

有一次总理很客气地找我说："周老，我来将你一军，有人不重视理论物理，你能不能写一篇文章，讲讲理论物理的重要性。"我找了几位有理论物理修养的党员，进行多次讨论，写出文章在报纸上发表了，公认是有水平的。现在也要批，他们是想陷害总理呀！我们总不能睁着眼睛说瞎话。我七十多了，你也六十多了，我们总不能说瞎话呀。

沉重的谈话进行到夜深。他们怀着忧虑和期盼的心情握手作别，最后周老说："物极必反，现在作恶已经到头了。总有一天党的正确领导会树立起来的。"

钱三强早有同感，"他们是想陷害总理"那是确有其事。直至周总理逝世后，周培源那篇重视基础理论研究的文章，一段时间以来不断受到政治围攻，而且来头不小，多箭齐发：《文汇报》刊登《马克思主义哲学是各门科学的基础理论》，《红旗》杂志开辟"科学史研究"专栏，复旦大学排演独幕话剧《抗寒的种子》等，对周培源文章恶意歪曲和攻击，杀气腾腾。

时人皆晓，如果没有上层人物唆使、策划，这些东西是难以出笼的，而他们的阴谋是明里批周培源的文章，暗里陷害支持周文的周恩来。"四人帮"那些人清楚，即使周恩来逝世了，他留在人间的巨大影响，以及他的接任者邓小平，仍将是他们阴谋篡权的最大障碍,所以不惜使出种种险恶招数。

1976年10月9日(农历八月二十五)是寒露节气。就在这一天,北京传出一条让人们欣喜若狂的消息:"四人帮"俯首就擒了。消息传到钱三强耳朵里,就那么简简单单一句话,没有任何细节,也不知消息来源,但他认定应该是真的。当时那种高兴的感觉,他形容就像1949年在北平迎来解放。他迫不及待地骑车直奔北大周培源住所,让喜讯赶快涤除老师的苦闷。

这一天,距离周培源到钱三强家"吐苦"约莫一个星期,前后截然不同的情景,钱三强记得很清楚:"一个星期以后,'四人帮'被粉碎的消息突然传来,我高兴得老泪满脸,跨上自行车,来敲周先生的门。周老几乎跳起来迎接我:'这场噩梦总算过去了!'"

这回分手时,他们一扫脸上的愁云,"互祝保重,将来好再为祖国做些工作"。

第十六章
科学春天的情怀

聆听与回想

"第一个问题,对科学技术是生产力的认识问题。在这个问题上,'四人帮'曾经喧嚣一时,颠倒是非,搞乱了人们的思想。科学技术是生产力,这是马克思主义历来的观点。早在一百多年以前,马克思就说过:机器生产的发展要求自觉地应用自然科学。并且指出:'生产力中也包括科学。'现代科学技术的发展,使科学与生产的关系越来越密切了。科学技术作为生产力,越来越显示出巨大的作用。"邓小平的这段话,不仅对中国科学技术发展的历史具有里程碑意义,同时是科学理解、创造性运用马克思主义的经典之作。

邓小平讲这话的时候，钱三强正坐在他身后一边聆听一边做记录，时间是1978年3月18日。这天，中国科技界有史以来空前的盛会——全国科学大会在人民大会堂举行开幕式，邓小平面对6000多名来自全国各地的科技工作者发表讲话，钱三强作为大会主席团成员坐在主席台上。当他听到邓小平明确提出"科学技术是生产力"的论点时，马上联想起曾经在小范围内知道的有关这个问题的一些背景情况。

那是1975年胡耀邦在科学院主持起草《汇报提纲》时，曾经引用马、恩、列、毛论述科学技术的一些语录，以强调科学技术在国家现代化建设中的作用，其中有一条是毛泽东1963年12月听取科技工作十年规划汇报时讲的"科学技术是生产力"。引用的全文是："要打好这一仗，科学技术是生产力。过去打上层建筑也是为了发展生产力，不打这一仗，生产力无法提高，要以革命的精神来搞科学技术工作。"这段话虽然未见诸正式出版物，但在科技界广为人知，时有被引用。

1975年9月26日，邓小平主持国务院会议听取胡耀邦根据《汇报提纲》做的系统汇报，并原则通过，再改出一稿，就可以送中央了。等到《汇报提纲》最后改定，还未及送出时，"四人帮"阴谋煽动的邪风恶浪骤然卷起，邓小平被再一次打倒，胡耀邦被诬为"右倾翻案急先锋"屡遭批判。

邓小平在全国科学大会重申并明确提出"科学技术是生产力"的论点后，继续关注世界范围内科学技术发展的趋势，

1988年他在一次谈话中进而指出:"马克思讲过科学技术是生产力,这是非常正确的,现在看来,这样说可能不够,恐怕是第一生产力。"

从钱三强在科学大会主席台铅笔记录的纸页中,虽然是些只言片语式的字和句,但能看出他对邓小平那天讲话非常关注,可以说最有感触的一些提法,如"科学技术是生产力""社会主义劳动者""学习别国长处""白专帽子"等,他都记在纸上。这里据1994年版《邓小平文选》第二卷所载邓小平《在全国科学大会上的讲话》,把钱三强记录的字句内容稍加扩展,便于读者走近那段历史,了解他和同时代中国科学家迎来科学春天的情怀。

邓小平在讲了"科学技术是生产力"之后,连带答复了过去老是反反复复而众所关切的另一个问题,这就是怎么看待从事科学研究的脑力劳动者?他把这个问题和"科学技术是生产力",并列称为实现四个现代化、大力发展我们的生产力的"两个前提"。他态度鲜明地说:"总的来说,他们的绝大多数已经是工人阶级和劳动人民自己的知识分子。因此也可以说,已经是工人阶级自己的一部分。"并且指出:"我们向科学技术现代化进军,要有一支浩浩荡荡的工人阶级的又红又专的科学技术大军,要有一大批世界第一流的科学家、工程技术专家。造就这样的队伍,是摆在我们面前的一个严重任务。"

关于"学习别国长处",邓小平当时是这样说的:"独立自主不是闭关自守，自力更生不是盲目排外。科学技术是人类共同创造的财富。任何一个民族、一个国家，都需要学习别的民族、别的国家的长处，学习人家的先进科学技术。我们不仅因为今天科学技术落后，需要努力向外国学习，即使我们的科学技术赶上了世界先进水平，也还要学习人家的长处。"

"白专帽子"，是钱三强过去工作中经常遇到的一个麻烦和困惑。邓小平的讲话，把长期的混乱彻底澄清了："世界观的重要表现是为谁服务。一个人，如果爱我们社会主义祖国，自觉自愿地为社会主义服务，为工农兵服务，应该说这表示他初步确立了无产阶级世界观，按政治标准来说，就不能说他是白，而应该说是红了。我们的科学事业是社会主义事业的一个重要方面。致力于社会主义的科学事业，做出贡献，这固然是专的表现，在一定意义上也可以说是红的表现。"

虽然有些话是老话重提，但钱三强此时此刻听来感觉有了新意，感觉心中的春天真正到来了。科学大会刚一结束，钱三强在接受上海记者采访时讲过他的这种新感觉，他说："全国科学大会的胜利召开，标志着我国科学技术的发展进入了一个新的历史时期，迎接又一个科学的春天。科学技术和科学技术工作者在国家建设中的地位和作用，重新得到肯定。特别是邓小平同志阐明的科学技术是生产力，科学技术是四个现代化建设的关键和科技人员是工人阶级的一部分，以及科研工作必须走在生产建设前面的思想，为我国科学技术的繁荣和发展重新奠定了可靠的基础。"

"拿来主义"启动科学工程

在新的科学春天里,钱三强沉寂漫长时日后又开始活跃起来。已是年逾花甲的他和当年只是不惑之年的他,干起事情来的那种劲头,几乎没有两样,所不同的是,他的活动舞台更大了,大大超出了原子能科学技术领域。

1977年钱三强正式恢复中国科学院副秘书长职务,分工负责全院科研业务和国际学术交流工作,一段时间里,数、理、化、天、地、生、工他都要涉及。科学院准备启动的几大科学工程如合肥的托卡马克-8号装置、同步辐射加速器,兰州重离子加速器,北京高能加速器等,这些工程的前期组织和策划,是他复出后最早参与的重要工作。

譬如筹备建造高能加速器。高能物理研究,在近代物理所建所时就是钱三强重点关注的领域之一。1956年制订国家科技发展长远规划时,曾经提出过建造一台电子同步加速器的计划;在第一颗原子弹成功爆炸后,甚至准备单独筹建高能物理研究基地。只因文化大革命,计划被迫停止了。

1972年,张文裕、朱洪元、谢家麟等18位物理学家联名致信周恩来,提出发展我国高能物理的意见和希望,周恩来亲笔回信予以支持。回信中说:"这件事不能再延迟了。科学院必须把基础科学和理论研究抓起来,同时要把理论研究与科学实验结合起来。高能物理及高能加速器预制研究应该成为科学院要抓的主要项目之一。"一年过后,高能物理研究所在中国科学院建立，它的人员和设备以原子能所中关村一部为基础，张文裕被任命为所长。

但是，根据周恩来指示计划建造的高能加速器，在选型问题上，从一开始物理学家便存在意见分歧。一种意见认为，应该首先建造一台电子加速器，另一种意见则主张首先建造一台质子加速器。到了1977年，国家批准建造一台50亿电子伏的质子同步加速器，并开始做调查研究及有关筹备工作。

这年3月15日至28日，钱三强作为科学院的业务主管出席高能加速器方案论证会，讨论和审查工程总体方案和预测模型加速器初步设计方案。鉴于工程重大，又缺乏建造经验，加之科学界仍有不同意见，钱三强意识到建造高能加速器问题需要再广泛听取意见，特别是要开展国际交流，听听有实际经验的专家的意见。于是在科学院主要领导的支持下，他先后邀请来了丁肇中、邓昌黎、杨振宁、李政道和联邦德国电子同步加速器研究中心（DESY）主任朔佩尔、欧洲核子中心（CERN）总主任阿达姆斯等。钱三强和他们都进行了专门会谈，有的不止一次，所讨论的问题广泛、深入而且具体。

钱三强与朔佩尔、阿达姆斯的多次座谈，对我国建造高能加速器的前期准备很有帮助。朔、阿二人都是根据丁肇中的建议邀请来访的，除了他们各人的卓越能力和丰富经验，他们分别领导的两个加速器研究中心，是不亚于美国水平的一流研究机构，他们还对中国友好。

9月19日，钱三强和阿达姆斯会谈时，就中国建造高能加速器的有关问题广泛听取意见，进行探讨，并且商定了与CERN的合作意向。

11月4日和6日，钱三强带领高能物理所有关人员，利用两个晚上（共5个小时）时间，同朔佩尔进行深入工作讨论，讨论内容包括：高能加速器的选址问题，关于建造高能加速器的组织工作，关于建造高能加速器的费用预估，关于对中国建造高能加速器的看法，以及建成后的研究工作等。

建造高能加速器的工作，自始至终得到邓小平的有力支持。邀请来华的这些国外专家他都一一会见，并且果断表明中国政府的支持态度，使对方了解合作诚意，也使得每次陪同会见的钱三强等国内人员更加有了信心和底气。

1977年9月26日，邓小平告诉阿达姆斯："我们的目的是在本世纪末使我们国家的科学技术有长足发展。为了实现这个目标，我们必须认清这个领域被落下很远，这样我们才能进步。我们必须诚实谦虚地学习一切先进的科学技术。"

半年后，钱三强率领代表团访问阿达姆斯领导的CERN，双方经过讨论，达成多项合作计划，其中有：高能物理所派出三位理论物理学家作为一个小组到CERN工作几个月；中国派一个小组到CERN学习建造大型加速器装置及相关工作，包括土木工程、地下隧道和安全等；科学院派出一个由一流管理者组成的小组，着重考察国际性的加速器装置的运行与管理等。双方的合作取得了良好成效。

钱三强一直感受到，中央的决心和决策是中国在相对困难条件下建造高能加速器的关键。他在多个场合讲过邓小平会见美籍华裔高能加速器专家邓昌黎时讲的一席话，每次讲都带着激情。邓小平对邓昌黎说：

> 西欧中心主任阿达姆斯教授曾经问我，你们中国为什么不多投资搞工业生产，而投向搞加速器的建造呢？我把我们的看法回答了他，他满意了。建造加速器是很花钱的，又得费时间。但是从长远来看，它很有意义，应及早准备着手。可以通过加速器的研究去带动其他研究和工业生产。
>
> 我们希望科教方面的整顿五年见初步成效，十年见到中效，十五年见到大效。当然十五年以后还要不断进步。现在我们是以世界先进水平作为赶超的起点。我们是采取拿来主义态度，凡是世界上先进的科学技术成果，我们都要拿过来。

20世纪80年代初，中国发展高能物理计划做出调整，改在北京建造正负电子对撞机，并主要与美国有关机构开展合作。起初，钱三强在调整后的计划中仍肩负重要责任，担任中美高能物理联合委员会中方主席，他与美方共同签订了中美高能物理合作项目计划（1982—1983年）。其间，还与李政道就中美高能物理合作的有关问题，经常密切商讨，彼此及时交换意见。1981年12月21日，钱三强在北京同李政道详细讨论中国发展高能物理及中美合作计划时，着重提出了应如何结合中国实际等建议。李政道对此甚为重视，第二天特地写信向钱三强致谢。李政道信中写道："很高兴昨天能畅谈。谢谢您对我的'高能计划意见书'提出的建议。已按照您的意见修改了，并拟即呈邓副主席、胡主席及赵总理。"李政道信中还对钱三强说："关于中美高能合作会议，我极希望中方能由您带队，然后文裕、洪元、家麟等可为成员。这样，成果可增几个数量级。"

后来，钱三强因为健康和职务变动原因，中美高能物理合作改由周光召负责。

推动理论物理再先行

1977年6月，钱三强与外界隔绝近20年后走出国门出访澳大利亚，在看了、听了世界科技发展现状后，他震惊了。在回国飞机上他开始整理思路，总结认识，认为现代科学面临三个发展"前哨阵地"，这几个关口一旦有突破，将会对工业技术、经济发展和社会进步起重大作用。

他总结出的三个"前哨阵地"：一是物质结构里边的粒子物理，也叫高能物理；二是与宇宙演化有关的天体物理；三是包括生命起源在内的生物科学。他认为，现代科学发展的一种普遍趋势，是人们对微观世界的认识越来越深入，把加强理论研究作为一项战略措施来对待，把理论现代化作为科学技术现代化的一个重要方面，将会有助于促进科学技术现代化进程。

一天，钱三强（时为物理学会副理事长）找到物理学会理事长周培源，想把粒子物理研究再推动一下。两人一拍即合，认为这方面工作不需要花很多钱，只花点差旅费集中到一起开开会，搞点讨论和交流，就可以先动起来。并且两人认为，"文革"前我国理论物理已经做出过两大贡献，一是完全独立自主地掌握了原子弹和氢弹理论，一是提出了强子结构的层子模型。虽然目前还没有大型实验设备，但在基本粒子理论方面取得较好成绩是有可能的，那样，将会起到带动作用。

经过他们精心策划并主持，1977年8月首先在黄山召开了基本粒子座谈会，1978年8月在庐山召开了基本粒子分会会议，同年10月在桂林召开了微观物理思想史讨论会。在桂林会议上，钱三强把自己的设想告诉全国理论物理学家：如果经过努力，研究工作有了好的进展，将考虑召开一次国际性的讨论会，同世界高水平进行交流。他说的，就是1980年1月兑现了的"广州（从化）粒子物理理论讨论会"。

"从化会议"头年4月，钱三强先跟在华讲学的李政道说起想法，得到李政道的"热情赞成和支持"；接着又写信征求杨振宁的意见，杨振宁回信表示了同样的积极态度。随即，钱三强分别与杨、李商讨海外华裔学者邀请名单，并以组织委员会名义发出邀请信。后来，李政道、杨振宁等50位来自美国、英国、联邦德国、瑞士、澳大利亚、新加坡等国及中国香港地区的华裔学者，应邀到会同场交流，5天会议共交流研究报告和论文112篇（其中国内学者84篇），称得上是中国理论物理界的一次空前盛会。

"文革"后第一次举行这样大型国际性学术会议，并获得如

钱三强（右一）在从化粒子物理理论讨论会的预备会上讲话。左起：彭桓武、杨振宁、李政道、周培源

此成功，超乎人们的预想。归纳各方反映，会议成功主要在三个方面：一是论文成果体现了研究工作的前沿性和学术上的高水准，杨振宁说，"有些报告很有独到见解，其水平可以与1974年和1977年在日本召开的同类型的学术会议相比"。二是会议的策划及组织工作相当完善。三是对日后广泛开展学术交流有重要推动作用。

从化粒子物理会议开得成功，有两个久久被人称道的会外"花絮"。

一个"花絮"发生在会议前一天的1980年1月4日。那天，几对物理学家夫妇准备由广州流花宾馆出发去从化会址，按原先计划，准备由会议主持者钱三强夫妇和周培源夫妇，分别陪同李政道夫妇和杨振宁夫妇乘车前往。但行前，一些思想活跃的青年物理学者提出一个建议，请钱三强夫妇、周培源夫妇陪李正道夫妇、杨振宁夫妇同乘一辆大轿车去从化。这当然是好意，是海内外同行普遍寄予的一种美好愿望。钱三强和周培源何尝不希望杨、李进一步和好，但想到他们这次能同时出席会议已非易事，担心过于急切行事怕造成弄巧成拙的局面，后果难料。后来，钱三强吩咐预备两个方案，宾馆门口既有大轿车也有小车，到时见机随意引导，尊重杨、李意愿，顺其自然。

结果，众人的愿望实现了。会议尚未进行，大家的好心情便早早地进入了高潮。在从化温泉宾馆，海内外理论物理界老中青学者，就像传扬喜讯般谈论李、杨同坐一辆车这个历史性话题。有人开始打听："拍照了没有？"一位来自美国的学者风趣地说："拍下这张照片，在美国能卖好价钱，登在《纽约时报》也会成为新闻。"

另一件"花絮"发生在北京人民大会堂，那是1980年1月15日。出席从化会议的海外学者和部分国内学者集体游览漓江、西湖后聚集北京，邓小平要在人民大会堂同他们照相，并以茅台国酒宴请嘉宾。接见之前，邓小平听完钱三强和周培源做的广州从化会议情况汇报，心情格外好，他笑着说："你们开了一个好会。会议开得很成功嘛。"

席间，邓小平询问坐在左右两旁的杨振宁和李政道："我们国内这批中青年科学工作者怎么样？他们的水平呀，素质呀，同先进国家相比怎么样？你们在一起开会了，是同行，是自家人，我希望听听你们的评价，实事求是的评价。"

杨振宁先说："国内粒子物理理论方面，有一大批40多岁的科学家，他们很能干。实事求是地说，他们的能力很强。"

"有几位相当优秀,他们的研究水平是一流的。"李政道紧接着做了补充。

邓小平听了很高兴,问钱三强:"中青年科学家今天来了多少?"

"来了约有半数。"钱三强回答后心领神会,立刻从另一桌找来周光召等几位同邓小平见面,并一一向邓小平做简单情况介绍。

在介绍到周光召时,钱三强说:"他50年代在苏联和国内做出了很好的工作成绩,起了关键性的作用(指在原子弹理论设计方面),可算是国内新一代理论物理方面的佼佼者。"李政道马上插话:"他不仅在国内同行中是佼佼者,包括我们在内在所从事的粒子物理理论领域,他也是佼佼者。"

邓小平更是欣喜,站起身和周光召等握手。他举起酒杯对大家说:"你们辛苦了,你们为国家为人民做出了贡献,我敬你们一杯酒。预祝你们继续努力,把失去的时间抢回来,为国家的现代化建设做出新贡献,使我们国家和民族真正有希望。"

邓小平的高兴心情,带到了第二天的一个高层会议上,1月16日,中共中央在北京召集党政军干部会议,邓小平发表《目前的形势和任务》的长篇讲话。在讲到培养专门人才时,他联系到广州从化粒子物理会议说了一段话:

> 我们需要越来越多的专门人才,但是,是不是说,我们现在就没有人才呢?不是,是我们的各级党委,特别是一些老同志,在这方面注意不够,没有去有意识地发现、

选拔、培养、帮助一批专业人才。前几天，在广州开了个粒子物理理论讨论会，有个消息很值得高兴，我们的粒子物理理论水平，大体上接近国际先进水平。也就是说，我们已经有相当先进的水平，而且有一批由我国自己培养出来的取得了成就的年轻人，只是人数比一些先进国家少得多。这就说明，我们并不是没有人。好多人才没有被发现，他们的工作条件太差，待遇太低，他们的作用不能充分地发挥出来。

促人工合成胰岛素申诺奖

人工合成胰岛素，是我国一项真正具有世界先进水平的科学成果，它完成于"文革"前夕。那时，联邦德国、美国、加拿大等科学家也在从事该项研究，可以说也是一场科学竞赛。

我国人工合成胰岛素，是在天然胰岛素折合成功的基础上进行的。先分别合成A链（由21个氨基酸连接起来的肽链）和B链（由30个氨基酸连接起来的肽链），然后通过两对硫硫键结合成一个胰岛素分子。1960年，我国和加拿大几乎同时把天然胰岛素的A链和B链拆开，又重新接合，而恢复的活力我们比加方高。美国和联邦德国曾先后报道人工合成胰岛素，其活力都在1%以下。1965年我国科学家在A链和B链的合成技术上做了改进，先后两次合成的胰岛素经过提纯，活力可稳定在10.7%。同年9月中，首次获得人工全合成胰岛素结晶，活力达到80%以上，遥遥领先于其他各国。1966年4月，该项工作在欧洲生物化学学会联合会议上报告后，成为会议讨论的中心，并得到了美、英、法、荷、意、比、挪威、瑞典、芬、奥等国与会科学家的热情祝贺，认为是非常重要的贡献。

然而在国内，即使像钱三强这样非该领域的科学家，由于当时情势，很少有人知道人工合成胰岛素及其国际影响。钱三强真正了解它，用他自己的话说是"出口转内销"。

那是他1977年6月率领代表团访问澳大利亚，亲耳听到澳大利亚科学家盛赞人工合成胰岛素，说："你们人工合成胰岛素的工作是应该获得诺贝尔奖的，问题在于你们愿不愿意接受。"

钱三强对这些毫不知情，他去问了同团出访的王应睐和童第周。王应睐细说了前前后后的情况。说到早在1966年上半年，瑞典乌萨拉大学生物化学研究所所长、诺贝尔奖奖金委员会主席蒂斯尤利斯及法国科学院院士特里亚，先后参观上海生化所时，也说过澳大利亚科学家类似的话。王应睐同时向钱三强讲道，1972年杨振宁回国时曾经向周恩来总理提过，是否应向诺贝尔奖奖金委员会推荐人工合成胰岛素，但在当时政治形势下周恩来婉言谢绝了。

一向不习惯当旁观者的钱三强，想对人工合成胰岛素成果申诺奖当一回促进派。他想，这项工作不管最后能否获得诺贝尔奖，借此扩大影响，对中国科技界总是有益的。这个想法得到科学院党组书记（方毅）、副书记（李昌）同意后，他便开始迅速运作起来，准备作为1979年获奖候选者推荐。这时已是

1978年10月了。

鉴于杨振宁1978年9月向邓小平提到他可以提名人工合成胰岛素申请诺贝尔奖，钱三强先给杨振宁发电报征询意见。11月27日杨振宁回信："三强先生：电报一周前收到，回电想你已收到。提名人数不能超过三位。1. 提名要有一'评价'，如1961年化学奖金给Calvin，评价是'因为研究植物光合作用中的化学步骤'。2. 另外要有一简单说明工作为何重要，一两段文字即可。3. 要有论文摘要和复印本。如果赞成我提名，请速将1、2、3项所需寄来，因为我对生物化学无多了解。提名截止时间在二月一日，请于一月十日前付邮。"

11月3日，钱三强向科学院党组和国家科委党组联席会议汇报有关情况，提出向诺贝尔奖奖金委员会推荐人工合成胰岛素成果的建议，获得两科党组同意。接着，钱三强抓紧做内部协调启动工作。12月中旬，由他主持把上海生化所、北京大学和上海有机所三个单位参加过人工合成胰岛素工作的有关人员（共约30人），请到北京友谊宾馆开三天总结评选会，总结分析，理出合成全过程最重要的关键点，并实事求是地分析突破这些关键起了主要作用的人。为了保证总结评选的科学性和民主决策，他经过多方协商，组成一个权威而超脱的评选委员会，负责对获奖代表进行最后无记名投票。评选委员会由童第周任主任，周培源、于光远、严济慈、华罗庚、钱三强、杨石先、黄家驷、贝时璋、张龙翔、王应睐、汪猷、冯德培、梁植权、柳大纲、邢其毅、过兴先为委员。

总结评选会于12月13日结束。在发扬民主,充分讨论的基础上,由评选委员会无记名投票选出4名代表,他们是:生物化学研究所的钮经义、邹承鲁(后调生物物理所)、北京大学的季爱雪,有机化学研究所的汪猷。鉴于向诺贝尔奖奖金委员会至多只能推荐三人,委员会提出推荐一人和三人两个方案,供领导决策参考。

12月25日,钱三强主持起草并代表科学院签发报国务院的《关于向诺贝尔奖奖金委员会推荐我国人工全合成胰岛素研究成果的请示报告》。报告认为,"现在我国正进入建设现代化社会主义强国的新时期,我们正在加强同国际上的科学技术交往,对诺贝尔奖似不宜于长期持拒绝态度"。关于获奖人选,报告提出"以钮经义一人名义,代表我国参加人工合成胰岛素研究工作的全体人员申请诺贝尔奖奖金"。这除了国内几个单位的内部原因,"而且联邦德国、美国在胰岛素合成方面,也取得较好成绩,有可能此奖将由两国或三国科学家同时获得"。

一周后,请示报告获得批准。按要求准备的各项所需推荐材料,由钱三强具信邮寄给提名人杨振宁;上海生化所所长王应睐作为瑞典皇家科学院诺贝尔化学奖金委员会主席特邀的1979年度该奖提名人,同时推荐了人工合成胰岛素成果。

时至今日,中国科学家人工全合成胰岛素的材料,仍然尘封在诺贝尔奖奖金委员会的档案柜里。钱三强有过遗憾,但从没有对中国的能力失去过信心。1982年,人工全合成胰岛素研究成果获得国家自然科学奖一等奖,钱三强作为国家奖励委员

会副主任在接受《人民日报》记者采访时,讲了他的思想认识:

> 人工全合成胰岛素研究成功,是我们国家的一个骄傲。……中国能把不同单位的几十个科学家组织在一起干,在其他国家不容易做到。这就是中国的优势。这种优势,是我们优越的社会主义制度决定的,走的是我们自己的道路。实践已经证明,在共产党领导下,只要把我们的科研力量组织起来,选准目标,我们有很强的攻坚能力,就有可能做到"后来居上"。

第十七章
晚年志行

兼职当正业

进入20世纪80年代,钱三强开始经历他一生中又一个繁忙的阶段。年近古稀的他,依然热情洋溢、孜孜不倦地对待赋予他的每一项任务,并从中体会工作的意义和晚年人生的欢愉——"这是最愉快的繁忙,最轻松的紧张"。他常常这样感言。

没有认真统计过那段时间钱三强兼有多少职务,但可以肯定是个惊人的数字。许多慕名找来又实在难以辞却的头衔,他只当是尽一份"名人效应"的义务,而有些虽然也是本职以外的兼职，他却很看重，因为其中有他应该而且能够做的工作，做了有意义。大凡这一类的头衔，他往往当成正业去履职。

1979年起他兼任国家自然科学奖励委员会副主任（武衡为主任），到1982年首次颁奖的3年中，他用了许多心力于其中。他晚上加班审阅申报材料，利用星期日主持小范围听证会，随时接待反映意见的来访者，还亲自登门做一些科学家的协调和解释工作，特别对几个影响大的拟评一等奖的项目，他为了做到尽可能公正、公平、不发生偏差，有的亲自组织专人花一两个月时间做调研，征询方方面面意见，查看原始材料，最后达到几方满意而又符合历史事实结果的，如获得一等奖的"大庆油田发现过程中的地球科学工作"；有的是他从全局和国内外影响考虑，并且亲笔写介绍材料，获得专家支持和评委一致通过的，如获得一等奖的英国学者李约瑟的《中国科学技术史》等。

经过3年努力，从跨越二十几年数以千计的研究成果中，评选出全国自然科学奖125项，其中一等奖9项，二等奖40项，三等奖49项，四等奖27项。同样重要的，通过这次评奖实践，中断了26年之久的国家自然科学奖评审工作，从此得以恢复并成为制度实行至今。

1981年起，钱三强兼任国务院学位委员会副主任（胡乔木为主任）一职，这也是他自觉颇具心得的一项工作。他早在50年代率团访苏回来时就积极主张实行学位制度，一晃快30年了，终于得以实现。这不仅是他个人的夙愿得偿，他甚至认为"实质上应该看作是在人才培养上消除半封建半殖民地痕迹的一个内容"。他1982年2月6日在一次学位工作座谈会上说：

> 自己培养研究生授予学位这个问题，实质上应该看做是在人才培养上消除半封建半殖民地痕迹的一个内容。我们做学生的时候，当时在大学教学的老师，差不多都是在国外获得过博士学位的。凡是在国外得了博士学位的，回来一般都是教授，起码是副教授。但是很多在国内勤勤恳恳建立了实验室，教了不少学生，做了不少工作，对我们的科学教育事业做出了贡献的，却因为没有到过外国，多数只能做到讲师，做到副教授的很少。那时的这种现象说明什么？说明我们的国家自己没有本事发展科学事业，要取得教授资格非出国不行。这就形成了教育与科学方面的崇洋思想，没有机会出国就"望洋兴叹"。

讲着讲着，钱三强触景生情，说起了先辈中那些"挟洋自重"的故事。他说："不单在自然科学与社会科学方面有此现象，就是研究文史的人也有这种感觉。'五四'时期胡适就经常流露出看不起刘半农，因为他自己是美国博士，而刘半农当时是'土包子'。为了出口气，后来刘半农到法国学语言学，获得文学博士，回国后胡适就不敢再看不起他了。那时中国教师的腰杆子要看外国人给的文凭才能直起来，这说明了旧中国的可怜样。"

钱三强不仅对国家建立学位制的意义有深刻领悟，在坚持什么样的标准，以及如何操作上，也是思考很多并且积极建言，对学位委员会的工作开展起了很好的定向与推动作用。如起初，学界对实行学位制意见纷纭，甚至发生争议，他在国务院学位委员会会议上系统发表自己的意见，首先提出我国建立学位制应遵循的三条原则，这就是："（一）必须坚持社会主义方向，通过建立学位制度，促进又红又专人才成长。（二）必须强调理论与实际相结合的方针，就是既要在本门学科的基础理论和专业知识及技术上达到相当的水平，同时还要具备解决实际问题的能力。（三）必须坚持质量，严格把关，但不要无限提高。"

关于学位制实行初始应掌握的标准，钱三强的意见同样具有启发性。他提出："我们授予博士学位的学术水平，应和其他国家基本上差不多，大体上以美、英、法、德、苏、日等几个科学比较发达的国家的水平为标准。在这件事上不能看不起自己，也不能幻想一鸣惊人。因为我们刚开始建立学位制，还是要严格一些好，低了会受到人家的轻视。要完全消除外国人对我们的歧视，要使他们真正承认我们的水平，不是靠三五年的努力，而需要长期的实践，包括建设方面的实践、教育方面的实践、科学文化方面的实践，通过事实使他们非点头不可。"

1985年成立全国自然科学名词审定委员会，钱三强兼任这个委员会的主任委员（副主委有叶笃正）。他称这项工作是继承以往、适应现代、着眼未来的发展科学技术的基础性工作。时任国务委员宋健，在出席1987年名词审定委员会工作会议讲到这项工作的艰巨性时曾说："自然科学名词术语的审定与统一和规范化,是一项学术性很强,而又争议较多的工作。"

对于这样一项艰巨的兼职工作,钱三强所付出的努力,可以从该委员会1987年的两年工作小结中略知一二:

> 委员会的主任、副主任领导委员会的日常工作。两年多来,我们确定了委员会的工作方针,制定了审定计划、实施方案和步骤,讨论并研究了名词术语的审定原则与方法。相继建立了数学、物理、化学、天文学、地学、生物学、农学、林学、医学和技术科学等29个分委员会,积极开展本学科的名词术语审定工作。截至今年8月,委员会组织了各种审定会、座谈会和协调会共约150次,参加会议约4000人次;各分委员会共提出名词审定初稿12万余条,经过初审筛选和征求意见,进行三审成为终稿的有9300条(医学未计在内)。除了天文学名词外,土壤学名词已完成终审,正在整理上报。今年内,物理学、微生物学、气象学、地理学第一批名词和无机化学命名原则等均将完成终审。明年将有更多的学科完成终审上报。预计三五年内将完成29个学科第一批基本名词的审定工作,为我国自然科学名词术语的统一与规范化奠定基础。

勤政殿——为中央书记处讲课

除了种种兼职,钱三强还有许多没有"名分"的使命。这些使命多半是关于一些重大或战略性问题的建言。他曾经就人才断层问题、知识分子合理待遇问题、科学化民主化决策问题、发展核电的整体规划问题、重视工程技术和应用科学发展问题等，向中央和国务院领导上书，受到重视，产生了良好效果。他自己说，这些是出于"科技界一个老兵的责任"。

1980年，钱三强又一次走进中南海为中央书记处讲课，这也是属于他的非职务使命。

1980年3月15日，时隔22年之久的中国科协第二次全国代表大会在北京举行，时任中共中央总书记胡耀邦到会讲话，他号召全党认真学习现代科学技术知识，推进四个现代化建设，他说："我代表中央书记处正式向在座的科学家报名，准备请你们中的一些同志当我们的老师。"

之后不久，中央书记处拟订了请科学家讲课的计划，其中第一讲是综合性的，领导人希望通过这一讲比较系统地了解古今中外科学技术发展的脉络和全貌。

首讲的任务落到了钱三强头上。

起初，他心里有些打鼓，一堂课要讲清楚几千年的人类科学文明，实在太难了，旁的不说，单就内容取舍以及三言两语把它说明白就很不容易，何况自己除了原子核科学这一小支，其他领域的发展历史基本上没有发言权。但他又不想凑凑合合讲这一课，他心里想，既然是向中央领导人讲课，就不能抱单纯任务观点，而要通过讲古今中外的情况，从中理出些带规律性，并且可作参考借鉴的东西。

钱三强就是这种脾性，凡想做的事和要做的事，一定设法把它做好。

他请来中国科学院自然科学史研究所仓孝和、许良英、李佩珊、杜石然几位科学史专家作为合作者，共同完成讲稿的写作。他主持先讨论出一个基本思路和框架，即为：第一部分讲16世纪以前的古代科学技术，第二部分讲16至19世纪近代科学技术，第三部分讲20世纪现代科学技术，第四部分做小结——讲科学技术发展的几个特点。他和合作者初步设想，这一讲要说明的问题主要是：科学技术是怎样发展起来的？科学技术发展经历了哪些历史阶段？科学技术对人类社会进步起过怎样的作用？科学实验和生产之间存在着怎样的关系？在科学技术发展历史中有哪些规律性的东西应该记取？

7月24日正值大暑节气，北京午后的气温达到35摄氏度。主讲人钱三强早早地来到中央书记处的课堂——中南海勤政殿。记者上前采访他："钱先生，您二十几年前曾经为毛泽东、周恩来、刘少奇、朱德、邓小平等中央领导人讲过原子能科学，今天再进中南海讲课，请问有何感想？"

"刚才进门的时候我也想到这件事，感想很多。我感到现在的中央书记处不仅继承了我们党重视科学、学习科学的好传统，而且把这个好传统发扬光大了。"钱三强既谈感想，同时寄予更高的期望："在中央工作的领导同志能够带头学科学，特别是已经作出计划，以后要系统地坚持听课，下面的各级领导同志能不能也照着做呢……"

万里第一个走进课堂，他已是满头银发，却依然精力充沛。他走向钱三强，远远地伸出手，笑着说："三强同志，你是给我们讲课的第一位老师。我先拜你为师。"

钱三强和万里是熟人。两年前（1978年7月28日），时任安徽省委书记的万里，在住地合肥稻香楼接待代表中国科学院到安徽商谈中国科技大学和合肥分院建设的钱三强，谈完之后他请钱三强吃饭，当时情景就像好朋友道家常。万里住地无空调，他身穿圆领短袖汗衫，手里摇着一把大蒲扇，作风随和、朴实，说话办事果断、痛快。他对钱三强说："省委省政府一定要尽一切努力把中国科技大学和合肥分院建设好，配好热心的干部，解决好后勤服务，解除科技人员和教学人员的后顾之忧。"万里当面承诺，要给科大配一位行政副校长，既热心，又善于打通关节，保证学校的副食供应，要让大家每天喝上豆浆，还要争取有牛奶喝。钱三强从内心敬佩这样不说大话却办实事的领导。

万里之后，谷牧、方毅、余秋里、韦国清、彭冲、乌兰夫、康世恩、陈慕华、姬鹏飞、杨静仁等相继到来，都和钱三强握手"拜师"。

胡耀邦准时走进课堂，他和钱三强握手后讲了开场白："党中央号召向科学进军。要把这个号召变为亿万人民扎扎实实的自觉行动，要动员我国人民大踏步地向科学进军，发展科学事业，首先我们书记处带个头，老老实实学习科学技术。我们都感到自己的科学知识太少，很需要向专家们学习。今天是个开

1980年7月24日钱三强给中央书记处讲课现场

始,以后要不断拜专家为师。"

为了使枯燥的科学发展历史能够引起听者兴趣,钱三强在讲述中有意引出问题做思考和讨论。如他在讲完中国古代四大发明及数学、天文学、医药学、水利工程等一系列成就后,提出这样的问题来:既然中国古代科学技术在长达一千几百年间处于世界领先地位,为什么近代科学技术没有在中国产生?

话音一落,课堂气氛一下子活跃起来,你一言我一语地说开了。万里脑子来得快,他对讲稿中关于中国科学技术落后原因的解释,提出不同看法。他一边读讲稿一边发表自己的见解:"三强同志,你说原因是多方面的,是一个需要深入探讨的问题,这不错,原因确实很复杂。你说从社会原因考虑,自给自足的小农经济和高度中央集权的封建统治,到后期严重地束缚了生产力的发展，使资本主义在中国长期得不到发展，而西方近代科学是伴随着资本主义的产生和发展而不断发展起来的。这个说法可能会有不同看法，我没有研究过，说不清楚。但你列举的下面这些原因：封建统治阶级重农抑商，鄙薄技艺，尊经崇古，实行科举取士，大兴文字狱，这些都严重地阻碍了科学技术和思想的自由发展。据我所知，文字狱发生在文史方面，对科学技术关系不那么直接。"

钱三强乐意听到不同意见，特别像这样的平等讨论。他也不拐弯抹角讲自己的看法："万里同志说到文字狱发生在文史方面，历史上是这样的。但文字狱的恶劣影响不限于文史，而是遍及整个知识界，它使人们思想禁锢，不敢大胆地想问题，自然也就会阻碍自然科学的创新和发展……"

课堂上，听课的领导人自始至终听得饶有兴趣。他们除了偶尔提问题或议论几句，都聚精会神地听讲，和学校学生听课的情形没有多少差别。他们一面细心听讲，一面翻看讲稿，还不时用红铅笔在上面圈圈点点，画着各种符号，标明重点，加深记忆。当墙上打出配合教学的幻灯图片时，他们又把视线转移到图片上，力求掌握和消化所讲解的全部内容。

两天后，钱三强的讲稿《科学技术发展的简况》首先在《红旗》杂志全文刊登，之后《光明日报》等转载。知识出版社出了单行本，首印10万册，一时畅销全国。

新华社编发了钱三强勤政殿讲课的消息通稿，《半月谈》报道了记者现场采写的"讲课侧记"。侧记最后这样写道：

在这堂课的末尾，钱三强归纳了科学发展的几个特点，其中一点是："科学是全人类共同创造的精神财富，它本身没有国界，也没有阶级性。"根据这个特点，他提议：我们在学习、引进国外的先进科学技术时，要博采各国之所长。

这时我看了看手表，时针已经指向6时10分，讲课将近3个小时了。然而这些大部分是60岁以上的"学生们"，却毫无倦意。一些领导同志对钱三强教授提出的博采各国之所长的建议很有兴趣，又你一言我一语地谈论起来……

继钱三强第一讲之后，华罗庚主讲了《数学在现代化建设中的作用》，吴仲华、王淦昌、鲍汉琛合讲了《从能源科学看解决能源危机的出路》，马世骏、刘静宣、汤鸿霄合讲了《现代化与环境保护》，徐冠仁、侯学煜合讲了《现代科学技术与农业现代化》，涂光炽、叶连俊合讲了《资源和资源的合理利用》，冯康等主讲了《计算机和新的科学技术革命》等共10讲。虽然这些讲课没有上过电视，也没有大张旗鼓做宣传，但它让全国科学技术界备感振奋，大家感觉到"中南海的课堂给人们带来的是鼓舞和希望"。

怀仁堂——恳陈农业农村问题

10年后，钱三强再一次被邀请进了中南海。

1990年8月14日，时任中共中央总书记江泽民在中南海怀仁堂会议室召开科学家座谈会，用两天时间听取科学家的意见。应邀出席这次座谈会的有30多位科学家，来自科研、高教、国防和产业部门的不同学科专业领域，又是科技界一次少长咸集、群贤毕至的聚会。他们中有王淦昌、唐敖庆、朱光亚、严东生、林兰英、陈芳允、陈能宽、陈述彭、卢良恕、刘光鼎、叶培大、屠善澄、侯云德、汪成为、孙鸿烈、钱皋韵、曾茂朝、丁衡高等。钱三强和钱学森作为特邀代表出席了座谈会。

这次座谈会，用主持人江泽民的话说，是一次什么话都可以讲的无主题座谈会，是他代表新一届党中央领导集体"号召全党和全社会要进一步树立起重视科学、应用科学、尊重人才的良好社会风尚，为科学技术的蓬勃发展创造更有利的社会环境"的一次实践和示范。整整两天座谈中，他认真听每位科学家的发言，做记录，还时而插话，或者问问题，或者说明情况，或者发表个人意见，参加讨论，无拘无束。

在15日的座谈会上，钱三强发了言。他没有王婆卖瓜讲自己的专业原子能和物理学，而讲的是农业和农村问题。那些年，特别是中共"十三大"召开，钱三强一直倾注精力关心改革开放以后我国农业面临的问题。1987年12月1日，他和李昌、于光远、石山、卢良恕、李宝恒6人，经过调研和讨论，联名上书中央政治局各位常委（抄送中央书记处、万里、田纪云、陈云、薄一波、宋任穷、李铁映、宋平），系统提出《关于深入改革农业和粮食管理体制的建议》。

六人建议书得到当时中央主要领导人批示后，由中央书记处农村政策研究室受中央委托,印发有关方面和专家研阅,并专门召开了"关于深入改革农业和粮食管理体制座谈会",虽然各方意见不尽一致,尤其涉及体制和机构设置难以推行,但钱三强等6人所提建议,激活了决策层的思路,特别是他们提出的"四靠",即一靠政策,二靠科学,三靠投入,四靠管理的观点,受到普遍认同,甚至有人形容它是发展农业的"新十六字经"。

三年的情况有了很大变化。钱三强这次面向总书记陈言,重点讲的是科技兴农和农村教育。他说:"我国人口占世界总人口的22%,但耕地面积只占世界耕地的7%,而且人口数量还在增长中,这就是我国面临的严重挑战。"如何应对这种挑战呢?他在座谈会上提出:

> 根据这样的基本国情,解决中国农业问题的根本出路在于科学技术,必须以科学技术和现代工业为支柱,建立现代化的农业生产体系,大幅度提高土地利用率、劳动生产率和产品商品率,把传统农业转变到以现代科学技术为基础的现代农业上来。发展农业涉及广泛的科学技术领域,我们必须加强农业的科研工作,如加强农作物良种培育,以提高产量和品种;科学合理利用水、热、土地资源,以保持一个较好的、使农业得以长期稳定发展的生态环境。

钱三强面陈的第二条建议,是下大力发展农村教育。他说:

实施"科技兴农",最关键的是要人去做,这就直接关系到目前农村的现状。据我所知,目前教育方面确有一些值得引起重视的情况。中小学教育方面,特别是农村,首先应该强调德智体美劳并重发展,不能片面强调智育而忽视其他。还有,现在的中小学生普遍生物知识学得太少,考大学时,报考农林科学的太少,大学毕业后,能够走到农业科技第一线并发挥作用的就更少了。

为了使农业科技在农村扎根,在大力发展农村教育的同时,我们应当鼓励专业队伍(科研机构、大专院校、与农业有关的科技人员)下乡找问题,把改良品种、合理施

1990年8月参加科学家座谈会后同党和国家领导人合影
前排左起:丁衡高、温家宝、朱光亚、唐敖庆、宋平、钱学森、江泽民、钱三强、王淦昌、乔石、宋健、屠善澄

肥、防治病虫害等措施长期与农民合作。……有积极性，有措施保证，科技兴农才能落到实处。

座谈会结束的时候，江泽民同参加座谈会的科学家合影留念，他站到了钱三强和钱学森的中间位置。

这是钱三强最后一次走进中南海。

"可算找到老家了"

年轻时候酷爱实验科学，后来从事实验物理学研究，并取得饮誉国际的成果，再后来转而成为驰骋于"软科学"领域的战略科学家，这便是钱三强所走过的道路，也是他的最后归宿——他自己风趣地说是"可算找到老家了"。

20世纪70年代末80年代初，一个陌生的外来科学名词"科学学"（Science of sciences）传到中国时，除了一些学者在自然辩证法名义下开始做些探讨之外，自然科学家大多不以为意，而钱三强情有独钟视其为推动中国管理科学发展的借鉴物，努力宣传。1981年，他在第一次全国科学学理论讨论会上，结合自己的经历坦言：

> 科学学研究在我国刚刚开展起来，有同志就动员我来听听大家的发言，结果听听就听得有点意思了。我想我回国33年了，干了点什么事呢？不就是科学研究的管理，参

与决策和组织领导工作么！30多年来，我干的基本上就是属于科学学的工作。不过，当时在国内还没有科学学这个名词，只是盲目地在做科学学的工作，是一个不自觉的科学学工作者。因此，工作中盲目性就不少。过去没有想过，随着我国科学学研究一点一点地发展，现在可算找到老家了，就是科学学这个范围。尽管我的专业范围是属于物理学与核科学技术，但是总起来看，真正的活动领域，还是比较接近科学学方面。

1984年，中国科学院第四次学部委员（现称院士）大会决定成立管理科学组，作为向成立学部的过渡，那时钱三强初患心肌梗死健康状况不佳，可他仍被推举为这个组的代组长；接着，全国性的学术组织——中国科学学和科技政策研究会成立，他又当选为首任理事长。人们称他"是这些研究的热心提倡者和指导者之一"。

交叉科学或学科交叉，是20世纪80年代中国学界出现的又一轮新的认识热潮，钱三强同样以积极态度予以支持和鼓励。1985年4月17日，17个一级学会在北京联合召开第一次全国交叉科学学术讨论会，他亲自到会（钱学森、钱伟长、马洪、汪德昭、沈元、吴良镛、龚育之等同时出席），并发表了"迎接交叉科学的新时代"的演讲。由于钱三强提出了许多新颖而独到的见解，他的这次演讲后来被称为交叉科学发展史上一次"著名演讲"，受到广泛重视和引用。

譬如他在论述交叉科学产生的动因时，引用科学学的一个原理解释说，科学的突破点往往发生在社会需要和科学内在逻辑的交叉点上。他以核物理学为例作说明：自20世纪中期以来，物理学革命显现出明显的"饱和现象"，比如核层次的研究、核裂变的应用发展比较缓慢了；还有受控热核反应、粒子物理研究等，虽然都有新的进展，没有停顿，但发展速度与以前不同了。在这种前锋受阻的情况下，人类强大的科学能力又不能弃置不用，必然出现智力横向转移，于是就产生了一系列的交叉学科或边缘学科、横断学科、综合学科等。他据此作出预言，随着许许多多交叉科学的纷至沓来，必将使存在于自然科学与社会科学之间的宽阔横沟渐渐缩小，并将形成自然科学奔向社会科学的强大潮流。

实验物理学家钱三强从不习惯空发议论，而习惯把精力放在实行上。1986年6月，当他以中国科协副主席身份兼任促进自然科学与社会科学联盟工作委员会首任主任委员后，他用他的心得和影响，驾轻就熟地活跃在方兴未艾的"软科学"舞台上，就像当年为新中国科学"制礼作乐"和抓"两弹"那样热情饱满、精力充沛。因为他不认为这是一种单纯的社会活动，也没感到是"受命"去被动完成任务，他重视这方面的工作，是他清醒意识到这项工作对中国现代化进程的意义和价值，所以他愿以"科技界一个老兵的名义"摇旗呐喊。

1987年起一段时间，包括科学技术、教育、社会科学、文学艺术、哲学、新闻出版在内的中国知识界，出现了空前联合

钱三强和何泽慧晚年在中关村家中

交叉，开展大讨论的热潮，为的是在两个文明建设中携手合作、共图发展。这一热潮的鼓动与发起者，就是钱三强及其领导的促进联盟委员会，特别是由他亲自策划并主持的系列"科学与文化论坛"。

一开始，钱三强为这个论坛规定了宗旨，他强调："目的是要充分认识文化事业在整个社会主义现代化建设中的地位和作用，制定社会主义文化发展战略；充分认识科学技术在文化建设中的重要作用，确立包括科技与教育、社会科学和文学艺术在内的新文化观念，提高全社会的科学文化素质；充分认识科技在文化建设中的特殊作用，把科技知识的传播同思想道德教育结合起来，把数以百万计科协成员变成精神文明建设的一支生力军。"

钱三强的设想一传开,首都知识界群起响应,钱学森、于光远、郑必坚和指挥家李德伦、作曲家吴祖强等,纷纷表示支持态度,认为"这个论坛之所以好,一是主题好,抓住了我们民族复兴的一个至关紧要的本质因素;二是时机好,抓住了进入本世纪最后10年,面对21世纪的历史关节。因此可以说,论坛的举办,适应时代潮流,合乎人民需要,反映了中国人民在面对21世纪的时候,将要有一个新的觉醒"。

从1988年5月25日首次"科学与文化论坛"敲响开场锣鼓,到1989年"五四"前夕结束,共举行了5次(大体上每季度举行一次),论坛的主题有:"献身·创新·求是·协作""经济与文化的关系""农村文化建设""教育改革""科学与民主的关系"等。每场论坛都是少长咸集,高朋满座,而且发言踊跃,讨论气氛之热烈实属少见。有时,主持者钱三强不得不抱憾提出要求,请发言者尽量言简意赅,轮不到机会发言的可提交书面发言,甚至连亲历过五四运动、时年90高龄的夏衍发言,也只好讲得"言简意赅"。他那天是让人搀扶着到场的,行动、说话都很缓慢,声音轻柔,但他抚今追昔,言辞切切,说道:"……从历史上看,我国科学文化的欠发达,最主要的原因就是民主政治的薄弱。同样,我国民主建设的薄弱,也是与科学文化教育事业的落后直接相关的。只有科学的充分发展,只有国民文化素质的普遍提高,一个国家才可能实现真正的民主政治。"

1991年初钱三强和葛能全在办公室讨论稿件

第五次也是最后一次（1989年4月20日）"科学与文化论坛"举行时，由于临近"五四"纪念日，这次论坛同时兼作纪念座谈会，参加者比以往各次都多，达到百余人。在龚育之、钱学森、于光远、李昌、张光斗、朱丽兰、胡启恒、温济泽、沈元等相继发言后，钱三强以"科学·民主·现代化"为题，做了综合性发言。他根据儿时对父亲参加新文化运动的记忆，回顾了70年前提出"科学"与"民主"口号的历史，认为70年后的今天，中华民族正处在现代化的新征途上，需要更高地举起科学与民主的旗帜，进行新的思想启蒙。他的话讲得诚恳激越：

现在的问题是，要创造科学技术进步的良好社会环境，建立科学技术和社会相互促进、共同发展的机制。我们需要科学的思想方式和工作方式,需要适应时代潮流的现代意识、现代知识和现代文化观念,更要有决胜的胆略和气概去从事现代化建设。……我们要大力发展科学文化事业,用科学技术推进现代化,更要用科学精神推进改革事业,因为僵化的体制不改革,科学技术成果就难以转化为生产力,教育也难以发挥作用。

科学离不开民主。民主调动了人民群众进行现代化建设的积极性。我们讲民主,就要树立人的主体意识,坚持独立自主、平等竞争的原则,使现代化建设充满活力、生机盎然。

原本计划"科学与文化论坛"还要进行若干次专题会议,已经着手准备的,如"对中西文化传统的认识和两种文化的关系问题""企业文化在企业发展中的作用问题""科学与21世纪的中国和世界""科学与时代精神"等。后来,论坛因故不办了,但钱三强关注"软科学"的热情并没有消退,他继续用不同方式做出自己的努力。他说过,从1936年离开清华园到1948年再回到清华园,他这10多年是从事"硬科学"研究,后来的几十年,整体来看,虽然工作内容比较杂,可是都还与科学工作有关系,也就是"软科学"。

熟悉钱三强的人,从来感觉不到他为自己放弃"硬科学"而选择"软科学"留有遗憾,相反,他总是对所从事的事业充满信心。

一次,《中国青年报》记者问了他这方面的问题,钱三强借用马克思的一段话做了回答:"如果我们选择了最能为人类福利而劳动的职业,我们就不会为它的重负所压倒,因为这是为全人类所做的牺牲;那时我们感到的将不是一点点自私而可怜的欢乐,我们的幸福将属于千万人,我们的事业并不是显赫一时,但将永远存在;而面对我们的骨灰,高尚的人们将洒下热泪。"

1999年9月18日,中共中央、国务院、中央军委在北京人民大会堂隆重召开大会,表彰为研制"两弹一星"作出突出贡献的科技专家,为23位科学家颁奖授勋,追授钱三强"两弹一星功勋奖章"。这枚金灿灿的勋章为钱三强的回答作了注脚。

中共中央、国务院、中央军委追授钱三强"两弹一星功勋奖章"

第十八章

平凡的普通人

功成不居,不搞特殊——他的一个习惯

早在20世纪50年代,钱三强就先于其他回国科学家入了党,当了部级领导,又多有建树和社会影响,人们以为对他特殊一点理所应当,而钱三强不这么看待自己。在党内,他自始至终做一名普通党员。他在《自传》里写,入党是"人生的重大转折",此后的几十年中,无论风雨沧桑,即使在被停止了党籍的非常岁月里,他最放在心上的,依然是如何符合党员称号,做一名合格的共产党员。

在大环境比较宽松的一段时间里,研究所一批从国外回来

的科学家，都很客气，常用"×公"或"××先生"互称，"钱公""钱先生"，更是叫得频繁。他入党以后，听了这些称呼觉得有点别扭了。科学家彼此这样称呼，他不便说什么，但对于青年人特别是党团员，他提出要求，要大家改称"同志"，直到他当了科学院副院长以后，上上下下、口头或笔下，都称他"三强同志"；跟了他16年的秘书，也这样称呼了16年。每当听到大家这样称呼，他很高兴，说这样更显得亲切，没有距离感。

钱三强一直是在工作和社会活动方面都很繁忙的人，但凡党小组开生活会，他都要腾出时间参加，并且按照通知要求写好发言提纲，或做思想汇报，或对照检查问题。

1990年进行党员重新登记，党小组和支部会议比较多，已是77岁高龄、又多次患过心脏病的钱三强，每得到通知他必到。在党员学习阶段，经过个人自学和集体讨论后，为了检查学习效果，安排了一次开卷笔试，试题共有15道，他和其他党员一样，用工整的钢笔字逐题做了答写；党员重新登记前，要进行个人小结，他又亲笔写了2000多字的稿子，先在会上宣讲，听取大家的评议，然后再做修改，改后又抄写一份清楚的文稿，一丝不苟。

他的这种态度，使得同组同支部的党员都受到一次活生生的榜样教育。就在那一年，经过所在支部党员一致推荐，钱三强被评为中国科学院（京区）模范共产党员。

钱三强在会上发言。

严以律己,廉洁奉公——他的一贯风格

20世纪70年代中,钱三强恢复工作后一段时间,每天要乘公共汽车上下班,风雨无阻。冬天刮风下雪,他身穿长棉袄,腰间系条围巾,头上戴一顶遮耳朵的棉帽,每天往返于中关村和三里河之间。

钱三强的住房,是50年代初建成的三层专家楼,条件不错;但年经月久,后来破旧了,周围的现代建筑多了高了,采光很不好,不是艳阳天,屋里就要开长明灯;暖气管既细又老化了,冬天供热上不来,多数日子要穿棉衣看书写东西。1985年在许多人劝说下,自己花钱在卧室装了一台窗式空调,可是全年开不了几次,他说,电力供应本来紧缺,又没有动力电源,开空调既浪费能源，还可能影响别人正常用电。

20世纪80年代中期，科学院在中关村盖了几栋大面积的新楼，供给院领导和老科学家居住。本来在向国家主管部门申请建房指标时，特别列出了钱三强住房状况必须改善的理由，可是房子盖好后，经过几番动员，钱先生和何先生执意不搬进新房，他们甚至想出一个不成立的拒迁理由，说新楼离图书馆远（当时实际还近些），不方便。

他们住了近60年的房子，多次留下温家宝等领导人的足迹，领导人每提起换房子，他们就说，住习惯了，挺好，挺好。

2007年8月3日，温家宝再次来到这处熟悉的老房子，看望93岁高龄的何泽慧先生，温总理又一次说起房子："三强不在以后，我想过，通过组织给您换个房子。"何先生这次则以"在这里住久了，有好多记忆"为由，回谢了总理的关心。温家宝接过话头深情地说："我知道，您坐在这里就想起很多事业。这里留下了记忆，也留下了精神。三强同志和您，中国人民都不应该忘记，也不会忘记。"

比普通人还要普通的人

"看不出他是大科学家，他比普通人还普通。"这是中国科学院机关许多老人回忆钱三强发出的感慨。

在家里，钱三强和何泽慧过的是普通人生活，自己洗衣服，自己做饭，自己排队买菜，每天提着小兜兜到奶站取牛奶；衣服破了自己补，补了再穿，舍不得扔掉，他们常说："笑破不笑补嘛，穿补丁衣服不丢人。"直到流行时尚的21世纪，何泽慧先生有时还穿打补丁的衣服，她又说："旧衣服穿着舒服。"

因为钱三强和何泽慧平时穿戴极普通，说话不摆谱的缘故，他们经常被世俗眼光误解。一年冬天，他们一起到西单菜市场买菜，何先生正选购冬笋，这时一位中年女售货员上下打量两人一眼后，用不屑的口气指指菜牌子："老太太，这是冬笋，很贵的！你要看清楚价钱，不要看错了小数点啊。"

1978年10月，何泽慧要随同国务院副总理兼科学院院长方毅出访联邦德国和法国，钱三强陪她去前门新大北照相馆照相制作护照。那天，他们两人都穿的平常衣服和布鞋，摄影师以为镜头前的何先生是出国探亲呢，上前询问："老太太，福气好哇，出国看儿子还是看女儿呀？"何先生轻声回一句："我谁也不看。"

当"剩饭剩菜打包"还被视为"丢脸面"的年月，钱三强和何泽慧在20世纪70年代就自带饭盒这样做了。那时好些人不理解，甚至有人讥笑他们"吝啬""小气"。钱先生、何先生并不介意旁人的眼光和议论，他们想的和做的是不能让东西白白浪费掉。

钱三强自己生活省俭节约，可他从不看重金钱。早在1959年3月他就写报告主动请求停止享受每月100元的学部委员津贴，1971年7月他恢复组织生活起，又每月自愿交党费100元；同时，他一贯注意体贴他人，舍得为别人花钱，特别是对那些做服务工作不大为人在意的普通人。

1977年夏，钱三强代表科学院和物理学会在黄山主持召开理论物理和天体物理会议，为了对会议工作人员（主要是合肥中国科大的青年教师和行政人员）半月之久的辛勤劳动表达谢意，他趁会中被邀至屯溪市做报告的机会，拿出100元现金（其时约合普通人两个月工资数）让秘书上街采购些糖果、茶叶、香烟之类，在会议结束的那天晚上，请全体工作人员开茶话会，他热情讲话，感谢和鼓励大家。许多人第一次受到大科学家的如此尊重，内心很激动，发言时声音沙哑，落了泪。但没有几人知道，茶话会不是会议费开销的，钱三强不让秘书声张。

后来但凡他主持的一些会议，他都会以多种方式向会议服务人员表达谢意，哪怕是走进厨房同炊事员握握手，打声招呼。

科学院机关大楼有个"服务班"，四五位工作人员全是女性，她们每天负责清扫楼内会议室、卫生间、楼道和领导的办公室，送开水等。钱三强同样不忽视这些勤杂工，每年"三八"妇女节，他总要亲自买包糖果向她们祝贺节日，即便这个时候他住在医院里，也不会忘记写张字条，托带糖果表示心意。

钱三强谢世已经二十多年了。这期间，中国科学院搞了50周年（1999年）和60周年（2009年）院庆。在一些座谈会上，在出版的征文集里，总能听到和见到关于钱三强的内容，许多那时候的中年人、青年人，讲他（她）们曾经接触过的钱三强，或者写长篇诗句，或者说上"印象最深刻的几件事"，既有叙述他为初创科学院和组织"两弹"攻关的业绩，也不乏讲他作为普通人留在大家心目中的那些事和情，真正可以说是印记似画，岁月如歌。

附录

钱三强年表

◆ 1913年

10月16日生于绍兴,取名秉穹,籍贯吴兴。

◆ 1914年　1岁

夏,随母迁居北平。

◆ 1919年　6岁

秋,入北平高等师范附小一年级。

◆ 1920年　7岁

转入北平孔德学校就读。

◆ 1924年　11岁

升入孔德高年级,喜爱乒乓球运动。

◆ 1926年　13岁

父亲钱玄同接受儿子同班同学的戏称，改"秉穹"为"三强"。

◆ 1928年　15岁

冬，参加北平全市乒乓球比赛，获男子单打第四名。

◆ 1929年　16岁

孔德毕业前夕读到孙中山的《建国方略》，萌生"工业救国"思想。先考入北京大学预科，以期提高英文再考上海交大学电机工程。

◆ 1931年　18岁

由北大预科考入该校物理系本科。

◆ 1932年　19岁

考入清华大学物理系重读一年级。

◆ 1933年　20岁

10月10日接受父亲题词"从牛到爱"，勉励向牛顿、爱因斯坦学习。

◆ 1934年　21岁

加入清华大学合唱团和校拔河队。

◆ 1935年　22岁

选修吴有训开设的"实验技术"课，学会了吹制玻璃。

6月，经过选拔，进入清华乒乓球校队，获北平五大学比赛团体冠军。

初识刚入清华的叶笃正，建议其改学物理为气象，遂成毕生事业。

12月16日，参加游行，反对政府当局出卖华北。

◆ **1936年 23岁**

由任之恭带领在北平、上海、南京做毕业参观。

与清华物理八级9名同学（王大珩、于光远、何泽慧、黄葳、许孝慰、杨龙生、杨振邦、谢毓章、陈亚伦）同时毕业。

8月，入北平研究院物理所任研究助理员，月薪80大洋。

◆ **1937年 24岁**

年初，与导师严济慈联名发表第一篇研究论文《铷分子离解的带状光谱和能量》（美国《物理评论》）。

春，参加公费留法考试，考取居里实验室的唯一镭学研究生名额。

7月中，由上海乘船赴巴黎，途中结识了吴新谋。

9月，由严济慈领至居里实验室面晤伊莱娜·居里，师从伊莱娜·居里。伊莱娜为其博士论文导师。

冬，应邀在伊莱娜家做客，认识了弗莱德里克·约里奥，与其进行亲切谈话。

10月，开始做博士论文实验——用云室研究 α 粒子与质子的碰撞。

◆ **1938年 25岁**

4月，阅读《祖国抗日情报》刊的"台儿庄大捷"消息，与同学在东方饭店庆祝，认识了孟雨。

秋，听伊莱娜报告，做接近发现核裂变现象的实验，后由哈恩得出正确结论。

11月，在法兰西学院协助约里奥改建成"可变压力云室"，有效灵敏时间由0.1—0.2秒提高到0.3—0.5秒。约里奥欣赏钱三强的能力，和伊莱娜共同指导其博士论文。

◆ **1939年　26岁**

2月，接家信得悉父亲已于1月17日在北平逝世，终年52岁。

年初，约里奥用"可变压力云室"首先拍到核裂变的径迹照片。该云室后成为纪念物。

伊莱娜指导第一项实验——用中子轰击铀和钍观测 β 射线能谱。实验结果联名发表于同年10月《物理学与镭学学报》。

春，在法兰西学院听约里奥首先做的可能产生链式反应实验的介绍。

4月，以"简报"形式在《法国科学院公报》刊出部分博士论文实验。

夏，在巴黎接待王大珩、彭桓武等清华同学。

◆ **1940年　27岁**

年初，完成博士论文《含氢物质在PO-α粒子轰击下所产生的质子群》，4月11日通过答辩获法国理学博士学位。

6月，随难民逃难，巴黎沦陷。

8月，重回法兰西学院进行研究，获"居里-卡内基研究奖学金"资助。

年底，与人合作完成研究报告《射钍的 γ 射线》发表于《法国科学院公报》。

◆ **1941年　28岁**

4月，完成伊莱娜交给的用氙气电离室测量锕223的低能 γ 射线强度的实验。

10月，完成对射钢 γ 射线强度实验，测定其射线能量。报告发表于《物理学与镭学学报》第3卷。

11月，离开巴黎准备回国。伊莱娜写了对钱的评价文件，认为表现出很高的科学水平，拥有物理学家和化学家的能力。

◆ **1942年　29岁**

日美战事断绝海上交通，遂滞留里昂。

受莫朗教授委托，在里昂大学物理系指导一名学生做毕业论文，研究 α 粒子对照相底版胶片的作用，为开展乳胶工作打下基础。

秋，往法国瑞士边界疗养院看望伊莱娜，决定重回巴黎。

年底，得到约里奥寄来的"入境"占领区巴黎的证明文件，作为法国国家科研中心奖学金资助者在法兰西学院进行科学研究。

◆ **1943年　30岁**

年初起，任法国国家科研中心副研究员，并受约里奥委托代为指导研究生。

上半年，收到何泽慧通过国际红十字会寄自德国的短信，让转告其国内亲人平安。是年，独立和与人合作完成多项实验，发表论文和报告计5篇。

◆ **1944年　31岁**

年初，在希特勒屠杀犹太人和共产党员的恐怖中，在实验室杂柜内意外发现约里奥加入法共的材料和假证件，对其暗中保护，免遭落入"法奸"之手。10月，巴黎解放。

是年，用云室研究电子径迹末端的弯曲，研究报告《中速与低速电子的射程—能量关系》发表于法国《物理学年鉴》第19卷。另发表4篇文章。

12月，经约里奥推荐，升任法国国家科研中心研究员。

◆ **1945年　32岁**

5月，被派往英国向鲍威尔学习核乳胶技术，并成为法国应用该技术的开创者。鲍威尔因发明核乳胶技术获1950年诺贝尔物理学奖。

8月，收到何泽慧用磁云室记录的正负电子弹性磁撞照片，在9月英法宇宙线会议代为报告后，颇受重视，《自然》杂志称之为"一项科学珍闻"。

10月，见到因公来伦敦的胡适和赵元任，极力邀钱回国到北京大学执教。不久寄来返国路费。

秋，由中共旅法支部安排，在伦敦会见了邓发和陈家康，获赠《论联合政府》剪报。

◆ **1946年　33岁**

2月，出席世界科学工作者协会筹备会（伦敦），被选为理事。

4月8日，与何泽慧在东方饭店举行简朴而隆重的结婚晚宴，约里奥·居里夫妇出席。

7月7日，发起"旅法华侨和平促进会成立大会"，临时搅散特务机构操纵的会场，被报纸称为"李逵式的人物"。

偕何泽慧出席剑桥基本粒子与低温会议，看到英国学者投影的一个三叉形裂变径迹，但解释等三条径迹为α粒子，引起兴趣。

9月起，带领研究组用核乳胶研究裂变，发现若干三叉形径迹。11月完成第一篇实验报告《俘获中子引起的铀的三分裂》（发表于《法国科学院公报》223卷）。

11月22日，何泽慧发现首例四分裂径迹，12月23日发表。

12月12日，陪同竺可桢、赵元任、李书华参观在法兰西学院的实验工作。

年底，获法国科学院亨利·德帕维尔物理学奖金。

◆ 1947年　34岁

2月1日，致信梅贻琦接受清华大学邀聘，并建议成立原子物理研究中心。

3月15日，在美国《物理评论》发表《铀核新的裂变过程》。

4月11日，接到梅贻琦电报，允拨5万美元建原子物理中心。

夏，升任法国国家科研中心研究导师，指导3名研究生。

6月7日，在英国《自然》发表《铀核的三分裂与四分裂》。

6月，胡适致信国防部长和参谋总长，提议集中一流学者在北大建原子物理中心，钱三强列为名单之首。

8月，发表个人署名文章《论铀的三分裂的机制》（《法国科学院公报》224卷）。

12月15日，美国《物理评论》发表个人署名文章《重元素的三分裂》。

◆ **1948年　35岁**

4月26日，回国前获约里奥·居里夫妇共同签署的科学成就和道德精神的评语，称钱三强是其在10年期间所指导过的学者中最为出色的，受到外国和法国学生们尊敬与爱戴。

6月10日，乘船抵上海，全部行李被海关扣留。

7月起，在上海和南京做多场讲演，介绍原子科学最新发展和欧洲研究组织。

7月19日，美国驻中国大使馆发出查询函，北平原子物理研究计划遭封杀。

8月底，乘船经天津抵北平，就任清华物理系教授，兼任北平研究院原子学所所长。

12月，拒绝登机"南往"，留在北平迎接解放。

◆ **1949年　36岁**

3月，接丁瓒通知拟参加代表团出席保卫世界和平大会。提出带外汇购原子科学仪器和资料打破封锁带回国。

3月22日，周恩来在西柏坡批准带5万美元购仪器设备。

3月29日，随郭沫若率领的代表团乘火车出席和平大会。法国拒发签证，于4月17日改抵布拉格分会场参会。在布拉格时，致信留美学者动员回国服务。

5月6日，陪郭沫若访问苏联科学院，听瓦维洛夫院介绍情况。

7月，出席中华全国科学工作者代表会议，参与提"建立国家科学院"提案交全国政协会议。

9月，与丁瓒负责起草《建立人民科学院草案》。

出席政协会议，被选为全国政协委员。

11月，被任命为中国科学院研究计划局副局长。

◆ **1950年　37岁**

年初，邀请彭桓武、王淦昌一起筹建近代物理研究所。

5月19日，近代物理所成立，任副所长，吴有训任所长。

提出调整和组建全院研究机构及领导人人选方案。同时调查全国专家情况，遴选专门委员名单。

11月，随团长郭沫若出席在华沙举行的第二次世界和平大会。后陪郭沫若出席匈牙利科学院建院125周年大会，并随同访问波兰、捷克、罗马尼亚诸国。

◆ **1951年　38岁**

年初，到各大学挑选大学毕业生到近代物理所，在北京大学挑来于敏由彭桓武带领工作。

2月，接替吴有训任近代物理所所长。

5月，亲往西郊（中关村）选定新建近物所所址。

8月，出席中国物理学会首届会员代表大会，被选为副理事长，周培源为理事长。

12月，任恢复后的计划局局长。

◆ 1952年　39岁

3月，陪同郭沫若在奥斯陆出席世界和平理事会执行局特别会议，讨论调查美军在朝鲜和中国东北发动细菌战争事实。会后留下组织科学调查团。

6月下旬，同调查团抵北京，其成员有英国、瑞典、法国、意大利、巴西、苏联科学家7人。钱三强被邀请为该团联络员。

8月，陪同调查团在朝鲜前线和中国东北各地近两个多月实地调查取证后，写成报告书，证明美军确已发动细菌战。

12月，陪同宋庆龄、郭沫若参加第三次世界和平大会（维也纳）返经莫斯科时被留下陪郭沫若等候斯大林会见（次年1月13日会见）。

◆ 1953年　40岁

3月至5月，率中国科学院代表团访问苏联，考察访问了98个研究机构、11所大学，以及多处厂矿、集体农庄、博物馆等。向苏科学界做了《中国近代科学概况》报告。

6月20日，向郭沫若主持的科学院常务会议做全面访苏报告。

11月，在《中国青年》发表署名文章《向苏联学习，更有效地为祖国服务》。

12月1日，填写入党志愿书。

◆ 1954年　41岁

1月28日，向周恩来主持的第204次政务会议报告访苏代表团工作。

2月7日，科学院学术秘书处支部通过钱三强入党，介绍人为张稼夫、于光远。2月17日，被任命为中国科学院学术秘书处秘书长。

7月，第一座原子能发电站在苏联建成时，在《中国青年》发表署名文章《人类进入了原子时代》。

8月20日，向彭德怀等介绍原子弹、氢弹有关知识。建议要搞反应堆和回旋加速器建设。

◆ 1955年　42岁

1月14日，同李四光在西花厅向周恩来汇报我国铀资源和原子核科学技术情况。次日，在丰泽园向毛泽东主持的中央书记处扩大会议介绍原子能科学技术知识及各国发展情况。毛泽东作出决策，中国要发展原子能。

2月4日，在北京做原子能科学技术通俗讲演，后到部队、学校、工厂做多场演讲，讲稿《原子能通俗讲话》印单行本，发行20万册。

4月，同刘杰、赵忠尧等赴苏谈判。27日签署和平利用原子能协定，苏援建一座7000千瓦重水反应堆和一台磁极直径1.2米的回旋加速器。

6月1日，出席中国科学院学部成立大会，被选聘为数学物理化学部学部委员（全体学部委员共233名）。

7月，被任命为建筑技术局副局长（局长刘伟）负责为反应堆和加速器选址和建设。

10月，率热工实习团（共40余人）赴苏参加反应堆和加速器设计审查，并集中培训各有关专业人员要求"弄懂学会"，时间短则半年，长的一年有余。

◆ **1956年　43岁**

3月，参加中国政府代表团就苏援建原子能工业项目谈判；同时出席"东方核子研究所"成立国际会议。

4月，在莫斯科主持讨论修订《和平利用原子能科学远景规划（草案）》，后列为国家十二年规划。

7月，同刘杰等向周恩来汇报与苏谈判援建原子能工业情况。

9月，出席党的第八次全国代表大会，并做了发展原子能的个人发言。

11月，成立第三机械工业部（后改二机部）被任命为副部长。

12月，在北京出席世界文化名人纪念大会，做《居里夫妇生平》讲演。

◆ **1957年　44岁**

5月，出席第二次学部委员大会，向会议做中国参加东方核子研究所的情况报告（本次大会选聘21名新学部委员）。

11月，参加郭沫若为首的代表团就十二年规划访苏听取意见。

◆ **1958年　45岁**

2月，连续三天在二机部党组会上受到批判。

3月，继续两次受到批判。

7月，推荐邓稼先到九所工作。

8月14日，约里奥在巴黎逝世，翌日致电哀悼。

9月，中央批准成立中国科学院原子核委员会，任副主任委员，李四光为主任委员。

9月23日，二机部党组会决定原子所实行党委领导制，钱三强要接地线，过阶级感情关。

9月27日，反应堆在原子能所建成移交生产，陈毅、聂荣臻、郭沫若等出席典礼。

◆ **1959年　46岁**

5月，全权代表出席杜布纳联合研究所各国政府代表会议。

6月20日，苏方拒绝提供原协定规定的原子弹教学模型。

7月，推荐朱光亚到核武器研究所任副所长，主管科技业务工作。

◆ **1960年　47岁**

2月，撰文悼念库尔恰托夫逝世。

3月，同宋任穷、刘杰等赴苏，做决裂前的最后争取，以多学到些东西。

4月，出席在上海召开的第三次中国科学院学部委员大会。

4月，推荐郭永怀到核武器研究所任副所长，主管工程力学和武器化。

5月，布置王方定合成氚化铀（点火中子源）任务。

7月，苏联撤走专家，中央决定自力更生发展原子弹。

11月，作为政府代表出席杜布纳联合所各国代表会议。

在莫斯科拍电报，推荐周光召到武器所理论部。

12月，与刘杰谈氢弹准备工作。布置黄祖洽、于敏等成立轻核理论组，开展氢弹预研；同时，组织丁大钊、蔡敦九等成立"轻核反应实验组"配合理论组研究。

◆ **1961年　48岁**

3月，布置王承书等为铀浓缩厂启动攻克理论难题。

4月，推荐王淦昌、彭桓武任核武器所副所长。

6月，接受聂荣臻的院、部协作，拧成一条绳的指示。

7月，和裴丽生出差沈阳、长春、哈尔滨落实金属铀冶炼、核燃料化学、反应堆结构工程等攻关任务。

9月，率工作组考察湖南铀矿厂，成立五个小组攻关。

11月，与裴丽生在上海布置"甲种分裂膜"联合攻关，1963年制成合格成品并达到量产。

◆ **1962年　49岁**

1月，在湖南衡阳主持现场会，就铀水冶厂生产中存在的各种技术问题采取措施，为顺利投产做了技术准备。

2—3月，出席聂荣臻主持的"广州会议"听取周恩来、陈毅做的知识分子问题报告。

4月，与秦力生主持高效炸药化学合成攻关会。

10月，推荐程开甲及吕敏、陆祖荫、忻贤杰主持建立核武器试验所。

12月，列席周恩来主持的中央专委会，讨论核工业"两年规划"。

◆ **1963年 50岁**

5月，审阅程开甲、朱光亚等拟出的《第一期试验大纲草案》，同意上报。夏，向聂荣臻提出回科学院要求，聂荣臻告之待原子弹成功后再谈工作。

10月，向二机部党组汇报轻核理论组工作进展，说工作初步过关。

12月，点火中子源在原子能所制成交到试验基地。

◆ **1964年 51岁**

1月，在王承书、吴征铠的工作指导下，兰州铀浓缩厂一次投产成功。

2月，代表二机部下达特急任务制备多个不同中子源，于4月和6月先后完成，交核武器所。

8月，参加北京国际科学讨论会。

9月，列席周恩来主持的中央专委会、讨论原子弹试爆时间等。

10月16日午后，听刘杰告今日下午3时爆，钱三强说会响的，相信一定会响。

10月18日，被派往河南信阳农村搞"四清"，与农民同吃、同住、同劳动——接地线。

◆ **1965年 52岁**

1月，由河南回京过春节，向郭沫若提出回科学院工作。请示聂荣臻后决定维持现状，可分出部分时间参加科学院党组。

年初，原子能所轻核理论组人员和工作转到核武器所。

6月，结束"四清"回京，被任命为科学院党委委员。

9月，受张劲夫委托组织基本粒子结构问题讨论后总结出"层子模型"理论。

◆ **1966年　53岁**

6月，被当作"靶子"抛出接受批判斗争，几天之内动员出数千张大字报。

7月，出席北京暑期物理讨论会，"层子模型"工作受重视。

12月28日晚，被周恩来邀至西花厅庆祝氢弹原理试验成功。

◆ **1967—1968年　54—55岁**

在二机部被隔离审查。

◆ **1969年　56岁**

9月，解除隔离，派到印刷厂监督劳动。

10月底，到邵阳"五七"干校劳动。

◆ **1971年　58岁**

7月，在干校恢复组织生活，每月交党费100元。

◆ **1972年　59岁**

夏，从干校回到北京。

◆ **1973—1974年　60—61岁**

经批准偶尔以原子能所所长和科学院副秘书长身份接待到访外宾。

◆ **1975年　62岁**

8月起，受胡耀邦委托在科学院主持召开"百家争鸣"座谈会9次，听取一线科技工作者意见，印发简报。

◆ 1976年　63岁

春，开始与何泽慧撰写科学经历回顾文字，后以《原子能发现史话》发表。

◆ 1977年　64岁

1月，在南京与戴文赛讨论天体物理学进展。

3月，主持高能加速器方案论证会和基本粒子理论座谈会。

7月，率团出访澳大利亚。

8月，与周培源在黄山主持基本粒子座谈会，杨振宁到会做学术报告。

9月起，先后同应邀来华的阿达姆斯、邓昌黎、朔佩尔等加速器专家讨论中国加速器建造听取意见，并陪同邓小平分别接见专家。

12月，率团出访罗马尼亚。

◆ 1978年　65岁

3月，出席全国科学大会，为大会主席团成员。

5月，率团出访德国和比利时。

8月，与周培源在庐山主持召开物理学会年会和基本粒子会议，杨振宁、林家翘等做学术报告。

10月，在桂林主持"微观物理思想史讨论会"，会上预告将举行一次国际粒子物理会议。

12月，前往合肥同省委讨论办好科大和合肥分院等。

12月，主持商讨推荐人工合成胰岛素申请诺贝尔奖，获中央批准，由杨振宁、王应睐等分别推荐。

◆ 1979年　66岁

年初，被任命为浙江大学校长（兼），随后赴浙大调研。

4月末，在上海拜访苏步青。

5月，在北京同李政道谈拟开国际性粒子物理会，获得积极支持，后致信征求杨振宁意见，同样支持。

6月，分工主持起草关于增补学部委员报告及制订增补办法报国务院。

7月，出席第一次科学学讨论会，发表讲演。

8月，在青岛主持"生物学未来"学术讨论会，争鸣气氛热烈。

9月，以组织委员会名义发邀请，拟于1980年1月在广州从化举行粒子物理理论讨论会。

◆ 1980年　67岁

1月，同周培源主持从化粒子物理会议，海外华裔学者50人到会，共发表报告78篇，国内学者44篇，海外学者34篇。15日，邓小平在北京宴请与会海外学者，16日邓小平在高级干部会议上讲话，认为我国粒子物理有好的人才，处在国际同一水平。

2月，出席核学会成立大会，任本届理事长，做《温故而知新》讲演。

5月，被任命为国家自然科学奖励委员会副主任（主任为武衡）。

7月24日，向中央书记处首讲《科学技术发展简况》，胡耀邦出席听讲。

11月,主持学部委员增补工作结束,共选出新学部委员283名。

12月,同梅益率两院代表团访问美国,同美科学基金会签订合作协议,并往旧金山、华盛顿、纽约、芝加哥等地参观访问大学和科研机构。其间(12月3日),在西博格陪同下参观劳伦斯国家实验室,西博格将保存的《论铀的三分裂的机制》等3篇文章,转赠当年作者,说一直印象深刻。

◆ 1981年　68岁

年初,患急性心内膜下心肌梗死住院。

5月,住院期间,仍出席第四次学部委员大会,并当选副院长、主席团成员,兼任管理学组代组长。

6月,陪同邓小平会见赵元任及全家。

9月,陪同方毅会见李约瑟及鲁桂珍。

被任命为国务院学位委员会副主任(主任为胡乔木)。

◆ 1982年　69岁

1月,以中方主席身份签署中美高能所合作项目计划。

2月,出席科学院工作讨论会,做《人生能有几次搏》报告。

5月,接受李政道意愿,促成在大陆影印出版吴大猷七册《理论物理》。

10月,出席全国科学奖励大会,3年工作终有了评审结果。并就此接受《人民日报》记者专访。

12月,出席科学院职称工作会议,发表《由干部职称工作想到的》讲话。

◆ **1983年　70岁**

4月，为《居里夫人传》再版作序。

5月，在《人民日报》发表文章，以朱光亚为例谈培养、选拔学术带头人。

6月，在《光明日报》发表文章，回顾聂荣臻领导"两弹"研制对科技人员的信任与关心，文题为《科技工作者的知心领导人》。

◆ **1984年　71岁**

2月，心脏病复发，入院治疗至7月出院。

4月，免去科学院副院长，任特邀顾问。

11月，出席科学院建院35周年纪念会。

◆ **1985年　72岁**

4月，出席全国交叉学科讨论会，发表《迎接交叉科学新时代》讲演。

被任命全国自然科学名词审定委员会主任。

5月20日，在法国驻中国大使馆接受大使代表法国总统授予"法兰西荣誉军团军官勋章"。

9月10日，首届教师节之际于《教育报》发表文章，《难忘的教诲，由衷的感谢》。

11月，在纪念尼尔斯·玻尔100周年诞辰纪念大会上致主持辞。

◆ **1986年　73岁**

春，在全国政协会议期间，同茅以升、侯祥麟、罗沛霖等署名提案《关于工程技术工作在国家事务中的地位》。

6月，同王守武、林兰英等联名致信领导人，对发展微电子事业提出建议。

9月，中国科协成立"促进自然科学与社会科学联盟工作委员会"，任该会主任委员。

◆ 1987年　74岁

2月，与朱洪元合写《新中国原子核科学技术发展简史（1950—1985）》，后以《核科学技术》为题收入《当代中国·中国科学院》。

4月，以促进自然科学与社会科学联盟委员会主持"粮食与社会问题座谈会"。

6月，复信中央文献研究室，说明周恩来1955年1月14日晚致信毛泽东所写的事和出席人。

9月，主持完成并发布第一批自然科学名词——天文学名词1956条。

10月，为《中国大百科全书》撰写"科学"条目。

12月，与李昌、于光远、石山、卢良恕、李宝恒联名上书中央——《关于深入改革农业和粮食管理体制问题》，首先提出农业一靠政府二靠科学三靠投入四靠管理。

◆ 1988年　75岁

3月，出席"周恩来研究学术讨论会"，写成《新中国原子核科学技术事业的领导者》，全文载《红旗》杂志。

5月，主持制定《"科学与文化论坛"大纲》，计划举行系列座谈。在主持5月25日第一次论坛时，发表主旨讲演。

9月16日，与唐达成共同主持第二次"科学与文化论坛"，主谈科学与民主、两个文明建设等。

10月24日，陪同邓小平参观新建成的北京正负电子对撞机工程。

11月15日，主持第三次"科学与文化论坛"，主谈当前农村文化及面临的问题。

12月，出席"核裂变发现50周年纪念会"，发表《我对五十年前发现核裂变的一些回忆》演讲。

◆ **1989年　76岁**

2月21日，主持第四次"科学与文化论坛"，主谈教育事业发展中的诸问题。

4月19日，在《科技日报》发表署名文章，悼念胡耀邦逝世。

4月20日，主持第五次"科学与文化论坛"暨纪念五四运动70周年座谈会，发表《科学、民主、现代化——纪念五四运动70周年》演讲。

7月，所著《重原子核三分裂与四分裂的发现》，以"名家科普丛书"出版（科学技术文献出版社）。

11月，出席全国政协妇女青年和文化教育委员会召开的座谈会，以《国家强盛是最大利益实现"自我价值"》为题发言。

12月15日，向清华大学全校学生干部讲知识分子的成长及应具备的素质。

◆ **1990年　77岁**

春节前夕，前往聂荣臻住地看望老领导。

2月28日，与王淦昌、姜圣阶、李觉联名上书江泽民、李鹏，就发展核电事业提出建议。

5月起，参加钱正英主持的"知识分子政策问题专题研讨组"（任副组长）调研，后以全国政协报告，促请中央改善有关知识分子的若干政策和待遇。

5月7日，就学部委员工作又中断10年带来的诸多问题，恳切致信李鹏，吁请批准增选学部委员。6月2日，李鹏约见周光召同意进行增选工作。

8月14—15日，作为特邀代表出席江泽民主持的科学家座谈会，并就重视农业科学和建设文明的新农村做了发言。

10月，香港《紫荆》创刊，应约撰写《中国原子核科学发展片段回忆》一文发表，《人民日报》海外版全文转载。

12月，任中国科学院院史文明资料征集委员会主任，并在委员会首次全体会上做建院回顾讲话。

◆ 1991年　78岁

3月4日，审定中国科协《中国科学技术专家传略》总序并署名。

4月，接受浙江科学技术出版社拟出版《钱三强文选》计划，开始整理资料的准备工作。

6月，应中办调研室约稿，写成《世界高新技术的发展及其对我国的挑战的几点认识》。

8月，应《新闻出版报》约稿，写成《当前需要科技书刊出版有个大发展》。

11月，改定《我国核科学技术早期发展的回顾》。

◆ **1992年　79岁**

年初，为周培源的诞辰撰文，祝贺周老九十寿辰。

3月，阅读邓小平南方谈话文件感慨良多。

5月29日，出席科技界缅怀聂荣臻座谈会，做《科技工作者的知心领导人》发言，几度哽咽。当晚复发心脏病，于次日晨紧急住院救治。

6月28日0时28分，在北京医院逝世，终年79岁。

◆ **1999年**

9月18日，中共中央、国务院、中央军委追授钱三强"两弹一星功勋奖章"。

◆ **2003年**

10月17日，在钱三强诞辰90周年之际，经国际天文学联合会小天体提名委员会批准，将中国科学院国家天文台施密特CCD小行星项目组于1988年10月16日发现的国际编号25240号小行星命名为"钱三强星"。

弘扬中国精神 讲述科学家传奇故事

"讲精神 聚国力 强国魂"精品讲座系列课

第一讲：杨新英／彭 洁
《彭士禄传》｜弘扬中国精神 讲述我心中的偶像
——中国著名核动力专家、中国核潜艇首任总设计师、核电事业垦荒牛彭士禄院士

第二讲：王 霞
《彭桓武传》｜潇洒风流总出尘——中国著名核物理学家、"两弹一星"功勋科学家彭桓武院士

第三讲：冉淮舟
《罗沛霖传》｜"红色科学家"——中国著名电子信息科学家、"两院"院士罗沛霖

第四讲：郭兆甄／熊继祖／侯艺兵
《王淦昌传》｜王淦昌与王淦昌时代——国际著名核物理学家、"两弹一星"功勋科学家王淦昌院士

第五讲：王建蒙
《孙家栋传》｜造一辈子中国"星"——中国探月工程总设计师、著名航天科学家、"两弹一星"功勋科学家孙家栋院士

第六讲：马京生／陈晓东
《陈芳允传》｜"天眼"铸就飞天梦——中国著名无线电电子学家、卫星测控专家、"两弹一星"功勋科学陈芳允院士

第七讲：彭继超
《邓稼先传》｜精忠报国 向死而生——中国著名核物理学家、"两弹一星"功勋科学家邓稼先院士

第八讲：马晓丽／边东子
《王大珩传》｜他用"光"改变中国——中国著名光学家、中国光学之魂、"两弹一星"功勋科学家王大珩院士

第九讲：谭邦治
《任新民传》｜呕心沥血航天梦——中国著名航天科学家、中国航天总师、"两弹一星"功勋科学家任新民院士

第十讲：葛能全／陈丹／彭继超
《钱三强传》｜国士钱三强——中国著名核物理学家、科学院院士、"两弹一星"功勋科学家钱三强

第十一讲：奚启新／朱明远
《朱光亚传》｜一辈子一件事——造中国核武器——中国著名核物理学家、两院院士、"两弹一星"功勋科学家朱光亚

第十二讲：叶永烈／钱永刚／王春河／沈英甲
《钱学森传》｜科学的旗帜 知识的宝藏——国际著名科学家、空气动力学家、两院院士、"两弹一星"功勋科学家钱学森

中国青年出版社

"百年追梦：共和国科学拓荒者传记系列"宣讲团